Silvia Möller

Abenteuer auf dem Kastanienhof

Illustrationen von Milada Krautmann

Kaufmann Verlag

- Vorlesbur?
- Pony

Bibliografische Information der Deutschen Bibliothek
Die Deutsche Bibliothek verzeichnet diese Publikation in der Deutschen Nationalbibliografie;
detaillierte bibliografische Daten sind im Internet über http://dnb.ddb.de abrufbar.

1. Auflage 2019
©2019 Verlag Ernst Kaufmann, Lahr

Printed by DZS Grafik
ISBN 978-3-7806-6345-0

Inhalt

Blitz und Donner

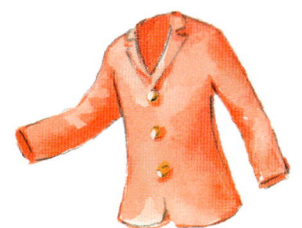

Endlich sind Osterferien! Lena, Hannah und Paul freuen sich riesig auf die kommende schulfreie Zeit.

„Den ganzen Tag auf dem Kastanienhof verbringen und mit Blümchen kuscheln", schwärmt Hannah und legt die Box der dunkelbraunen Islandstute neu mit frischem Stroh aus. Dabei achtet sie darauf, dass ihr Liebling es besonders weich und kuschelig hat. Schließlich bekommt die Ponydame bald ihr erstes Fohlen. Ihr Bauch ist schon kugelrund und manchmal kann man sehen, wie das Fohlen darin strampelt. „Vielleicht können wir sogar dabei sein, wenn das Kleine zur Welt kommt."

Lena nickt. „Das wäre toll! Außerdem freue ich mich riesig darauf, dass Emma wiederkommt und natürlich auf unser allererstes Turnier. Ich bin schon total aufgeregt", erzählt sie und ihre Augen beginnen vor Vorfreude zu leuchten. Wie Hannah schwingt auch sie kräftig die Mistgabel, während ihr Lieblingspony Krümel sich mit seinen Ponyfreunden auf der Weide vergnügt. „Das wird super!"

„Na und ob! Einer von uns schafft es sicher auf die ersten Plätze. Als Ponybande sind wir schließlich unschlagbar", meint Paul augenzwinkernd und wuchtet eine Ladung Heu in die Schubkarre.

Die Ponybande, das sind Lena, Hannah, Emma und Paul. Die vier haben sich letzten Sommer auf dem Kastanienhof kennengelernt, wo Emma, ihre große Schwester Cara und Paul für ein paar Tage Ferien gemacht haben. Am Ende hat Pauls Vater dann den Direktorposten der Bank am Ort übernommen und Paul konnte in Neustadt bei seinen neuen Freunden und bei seinem absoluten Liebling bleiben, dem Pinto Amarok. Nun wohnt Paul ganz in der Nähe von Lena und Hannah, während Emma ihre Freunde jede Ferien besuchen kommt.

„Meine Cousine Meike hat mir ihr erstes Reitjackett geschenkt", erzählt Hannah nun begeistert. „Die Jacke ist schwarz, hat funkelnde Silberknöpfe und ist Meike mittlerweile viel zu klein, deshalb darf ich sie haben."

„Meike reitet Turniere?", fragt Lena und schiebt die volle Schubkarre etwas nach vorne. Sie hat Hannahs ältere Cousine auf dem Geburtstag ihrer besten Freundin im vergangenen Jahr kennengelernt. Die beiden haben sich gleich gut verstanden. „Das wusste ich ja noch gar nicht."

„Dressur! Sie ist sogar richtig gut und hat schon viele Schleifen gewonnen", antwortet Hannah und pustet sich eine Haarsträhne aus dem Gesicht.

„Ich bekomme mein Jackett zu Ostern", erklärt Paul stolz.

„Wow, bei uns gibt es nur bunte Eier und Süßigkeiten", sagt Lena. „Aber keine Geschenke! Meine Mutter sagt immer ‚Ostern ist nicht Weihnachten'."

„Eigentlich ist das bei uns auch so", meint Paul. „Aber wegen des Reitwettbewerbs machen meine Eltern in diesem Jahr mal eine Ausnahme."

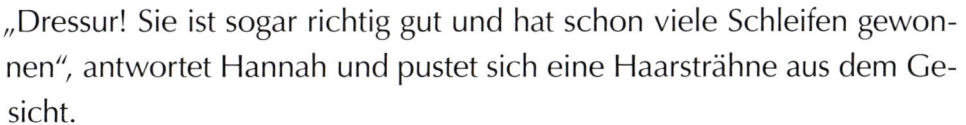

„Hast du es gut!", sagt Lena und seufzt. „Ich weiß noch gar nicht, wo ich meine Klamotten herbekomme. Bei mir in der Verwandtschaft reitet keiner außer mir und für ein einziges Turnier kauft mir meine Mutter bestimmt keine Reitjacke. Die sind doch sauteuer!"

„Wie gut, dass ich meine alten Jacketts aufgehoben habe!"

Plötzlich steht Rebecca, die Reitlehrerin der Ponybande, in der Stallgasse. „Das eine oder andere davon müsste dir passen. Wenn du magst, leihe ich es dir gerne für deinen großen Tag!", bietet sie lachend an.

Lena nickt. „Oh ja, gerne!", ruft sie erleichtert und strahlt jetzt über das ganze Gesicht.

„Prima, dann bringe ich morgen ein paar Sachen zum Anprobieren mit und wir machen eine kleine Modenschau", verspricht Rebecca. „Aber nun brauche ich erst einmal eure Hilfe. Draußen hängt

der Himmel voller schwarzer Wolken und im Radio warnen sie vor heftigen Unwettern. Wir müssen ganz schnell die Ponys und Pferde von den Weiden holen."

„Alles klar!"

„Machen wir!"

Sofort schnappen sich Lena, Hannah und Paul jeweils Halfter und Strick und folgen Rebecca. Auf dem Weg zu den Koppeln sehen sie in der Ferne schon den ersten Blitz am Himmel.

„Los, wir müssen uns beeilen!", ruft Paul und rennt zur hinteren Koppel.

„Blümchen zuerst!", sagt Rebecca. „In ihrem Zustand darf sie sich nicht aufregen." Sie deutet auf die schwangere Stute und eilt dann selbst in Richtung der Großpferde.

Hannah nickt und läuft schnell zu ihrem Liebling auf die Wiese. Geschickt streift sie ihr das Halfter über und führt sie Richtung Stall.

Lena schnappt sich zuerst die Westfalenstute Pearl und dann Krümel, während Paul seine liebe Mühe mit dem nervösen Amarok hat. Unruhig tänzelt der schwarz-weiße Pinto hin und her und lässt sich nicht einfangen.

„Still, Kumpel, alles wird gut", versucht Paul ihn zu beruhigen. Da grollt der erste Donner laut über ihren Köpfen, Amarok macht vor Schreck einen gewaltigen Satz nach vorne und prescht davon.

„Mist!", schimpft Paul und will schon hinterher.

„Nimm Krümel und geh mit ihm Richtung Weidentor!", ruft Lena da und hält Paul den Strick des karamellfarbenen Islandponys hin. „Amarok läuft seinem Kumpel bestimmt hinterher. Ich bringe inzwischen Pearl in ihre Box."

Krümel und der Pinto sind unzertrennlich. Als Amarok im Sommer auf den Kastanienhof kam, war er total abgemagert, völlig verängstigt und ließ niemanden an sich heran. Nur mit viel Geduld und Liebe konnte Paul schließlich doch noch sein Vertrauen gewinnen. Blümchen und ganz besonders Krümel haben ihm dabei sehr geholfen. Die drei Ponys sind dicke Freunde geworden.

Paul greift schnell nach Krümels Strick und geht ein paar Schritte Richtung Weidetor. Nervös dreht er sich nach Amarok um. Es klappt tatsächlich! Der Pinto macht auf dem Absatz kehrt und folgt Krümel mit vor Aufregung geblähten Nüstern. Erleichtert atmet Paul auf und führt die beiden zum Ponystall, während Lena mit Pearl in dem für Großpferde verschwindet.

„Du Angsthase", murmelt Paul zärtlich, als sie wenig später in Amaroks Box stehen. Dabei krault er dem Pony die Stirn. Natürlich weiß Paul, dass Pferde Fluchttiere sind und sich nicht gerne einfangen lassen, wenn sie Angst haben. Aber zum Glück sind sie auch Herdentiere.

Amarok, mittlerweile wieder ruhiger, legt seinen Kopf auf Pauls Schulter und schnaubt zufrieden.

Da hören Hannah und Paul, wie dicke Tropfen auf das Stalldach platschen. Es blitzt und kracht in immer kürzer werdenden Abständen. Das Gewitter kommt näher!

„Mira und die anderen Haflinger stehen noch draußen!", kreischt Hannah entsetzt und flitzt los, Paul gleich hinterher. Mit einem Ruck zieht Hannah die Stalltür auf und will schon rauslaufen, da kommt Lena ihr entgegen. Schnell flieht sie aus dem Regen ins Trockene. In der Hand hält sie ein Bund Möhren.

„Rebecca sagt, wir sollen bei den Ponys bleiben", erklärt sie schnaufend. „Hier draußen wird es jetzt zu gefährlich!"

Wie aufs Stichwort schießt nicht weit entfernt von ihnen ein heller Lichtstrahl vom Himmel zur Erde nieder und es knallt so gewaltig, dass es im ganzen Stall widerhallt. Erschrocken schiebt Lena Hannah und Paul zurück und schließt die Tür. Wegen des starken Windes muss sich Lena ganz schön dagegenstemmen.

„Aber die Pferde!", jammert Hannah verzweifelt.

„Die stehen bereits alle in ihren Boxen", beruhigt Lena ihre Freundin und streicht sich erschöpft eine nasse Haarsträhne aus dem Gesicht. „Herr Dahlmann, Rebecca und Peter haben sich darum gekümmert."

Herr Dahlmann ist der Besitzer des Kastanienhofes und supernett. Er hat auch dafür gesorgt, dass die Ponybande und Emmas Schwester Cara am Turnier für junge Reiter des Reitvereins Concordia teilnehmen dürfen. Schließlich sind der Leiter des Vereins und er alte Freunde. Außerdem hat Herr Dahlmann Emma und Cara über die Osterferien eingeladen, auf dem Gutshof zu wohnen und mit den Ponys zu trainieren.

Peter, der Stallbursche vom Kastanienhof, ist immer mit Rat und Tat zur Stelle, besonders, wenn es mal brenzlig wird, so wie jetzt!

Hannah und Paul atmen erleichtert auf. Gemeinsam mit Lena verteilen sie die Möhren an die nervösen Ponys.

„Nervennahrung für kleine Fellnasen!", meint Lena lachend.

Das große Aufräumen

Allmählich werden die Blitze immer seltener und das Grollen wird leiser. Nur noch vereinzelt ist ein Aufleuchten in der Ferne zu sehen. Und auch der Regen lässt nach. „Das Gewitter scheint endlich vorbei zu sein." Lena späht durch das kleine Stallfenster.

„Das war ganz schön heftig!", meint Hannah, während sie Blümchen liebevoll den dicken Bauch tätschelt. Dabei macht die kleine Stute sich ganz lang und genießt es.

Paul nickt. „Ein richtiges Unwetter eben, wie es die Leute im Radio vorhergesagt haben."

Da geht plötzlich die Stalltür auf.

„Mama!?", ruft Lena überrascht.

Auch Hannah macht große Augen. „Papa!"

Kurz dahinter folgen zusätzlich noch Pauls Eltern.

„Was macht ihr denn hier?", fragt Paul verwundert und läuft seinem Papa entgegen.

„Wir haben uns ein bisschen Sorgen um euch gemacht und Rebecca angerufen", erklärt Lenas Mutter. „Sie hat uns aber versichert, dass es euch allen gut geht."

„Allerdings ist der Springplatz durch den Sturm völlig verwüstet worden", berichtet Hannahs Vater nun. „Kein einziges Hindernis steht mehr und der Wassergraben gleicht eher einem See."

„Laut Rebecca hat der starke Wind auch das Hallendach beschädigt", erzählt Lenas Mutter weiter und reicht ihrer Tochter eine trockene Jacke. „Nun steht ein Teil der Reitbahn unter Wasser. Zum Glück sind aber Ställe und Gutshaus verschont geblieben. Pferde und Menschen sind alle wohlauf und das ist erst mal das Allerwichtigste!"

„Die Hürden? Einfach weggeweht? Das muss ich sehen!", meint Paul da und saust geschwind aus dem Stall, Lena und Hannah folgen ihm.

Draußen angekommen, trauen die drei ihren Augen kaum. Der Springplatz hat sich in eine riesige Matschanlage verwandelt. Hier und dort liegen zerbrochene Holzstangen herum und der Zaun hat ein großes Loch. Der Sturm war wirklich heftig! Was für ein Glück, dass wir die Ponys und Pferde alle in Sicherheit gebracht haben, denkt Lena und schüttelt fassungslos den Kopf. „Das gibt es doch gar nicht!"

„Leider doch!"

Die drei wirbeln herum. Hinter ihnen steht Rebecca. Doch wie sieht sie aus? Ihre nasse Hose, der Pulli, alles ist voller Schlamm. Sogar auf Wangen, Kinn und Nase findet sich der eine oder andere Dreckspritzer.

„Es ist ein absoluter Glücksfall, dass der Kastanienhof auch gegen Sturmschäden versichert ist!", erzählt sie dann und pustet sich eine Haarsträhne aus dem Gesicht. „Herr Dahlmann kümmert sich um einen Dachdecker für die Reithalle und Peter und ich fangen schon mal an aufzuräumen."

„Wir helfen!", ruft Paul sofort.

Hannah nickt. „Na klar!"

„Ist doch Ehrensache!", sagt auch Lena.

„Eigentlich wollten wir euch abholen", meint Hannahs Vater nachdenklich. „Ach, egal! Packen wir halt alle mit an, oder?" Er schaut fragend zu Lenas Mutter hinüber.

„Das machen wir!", antwortet sie lachend und krempelt die Ärmel ihrer Jacke hoch.

Pauls Eltern sind ebenfalls einverstanden.

„Prima!", freut sich Rebecca. „Bei so vielen helfenden Händen haben wir das Chaos sicher bald beseitigt. Vielen Dank!"

Lena, Hannah und Paul sammeln die zerbrochenen Hürdenstangen ein, während die Erwachsenen Rebecca in die Reithalle folgen.

„Alle kaputt!", seufzt Paul traurig. „Dabei haben wir sie erst vor einer Woche frisch gestrichen."

„Ja, total schade!", meint auch Lena.

Sie legen die Bruchstücke auf einen Hänger, der neben dem Stall steht. Lena klettert vom Anhänger hinunter und wischt sich ihre nassen Hände an der Hose ab. „Sogar Max hilft mit", sagt sie lachend und deutet auf den Collie, der ein kaputtes Holzstück im Maul trägt.

„Eben echte Teamarbeit", schmunzelt Paul und holt die nächste kaputte Stange.

Als sie mit dem Aufräumen fertig sind, laufen die drei rüber in die Halle. Dort entdecken sie in der Mitte der Bahn eine riesige Pfütze. Rebecca und die Eltern stehen drum herum und füllen Eimer mit Sand.

„Damit legen wir die Pfütze trocken", erklärt die Reitlehrerin den Kindern.

„Alles klar!"

Rebecca, Lena, Hannah und Paul schnappen sich immer zu zweit einen Eimer und schütten den Inhalt in die Pfütze. Das wiederholen sie so lange, bis die Wasserlache vollständig verschwunden ist.

„Puh, ganz schön anstrengend", stöhnt Hannah und schüttelt die schmerzenden Hände aus.

Lena nickt und betrachtet nachdenklich die Blase an ihrem Daumen. „Hoffentlich kann ich damit reiten", meint sie unsicher.

„Ach, ganz bestimmt!", beruhigt sie Rebecca. „Wenn du die nächsten Tage Handschuhe trägst, ist das gar kein großes Problem."

Lena atmet erleichtert auf. Schließlich wollen sie, Hannah, Paul und Emma in den nächsten Tagen noch fleißig für das Turnier trainieren. Die drei wollen bei einer einfachen Dressurprüfung und einem kleinen Springwettkampf mit niedrigen Hindernissen starten. Und Emma wird bei einem Reiterwettbewerb zeigen, wie toll sie mittlerweile mit Krümel umgehen kann. Dafür, dass sie sich früher noch nicht einmal auf den Rücken des Isländers traute, sitzt sie mittlerweile richtig gut im Sattel.

„Gerade die Schlangenlinie durch die Bahn in drei Bögen muss ich noch üben", gibt Lena zu. „Die werden bei mir nie gleich groß."

„Die Aufgabe finde ich auch schwierig", meint Paul.

„Keine Sorge. Ich zeige euch noch einmal ganz genau, wie es geht", verspricht Rebecca. „Dann könnt ihr die Übung beim Turnier im Schlaf."

„Super!"

„Danke!"

Peter kommt mit einem Reitplatzplaner und verteilt damit den nun feuchten Sand wieder gleichmäßig in alle Ecken. Dann ist es endlich geschafft! Gerade als Lena, Hannah und Paul die Schaufeln und Eimer wegräumen wollen, kommt auch Herr Dahlmann mit langen Schritten in die Halle.

„Ich habe tatsächlich schon für morgen früh einen Dachdecker bekommen", erzählt er gut gelaunt. „Das war gar nicht so einfach. Der Sturm

hat nicht nur bei uns einigen Schaden angerich-
tet. Überall im Ort sind Häuser beschädigt und
Dächer abgedeckt worden. Aber jetzt gibt es
erst mal Pizza, als Dankeschön für alle fleißigen Helfer. Die Bestellung ist gerade im
Gutshaus eingetroffen."

„Juhu!"

Lena, Hannah und Paul jubeln.

Da klingelt plötzlich das Handy von
Herrn Dahlmann.

„Hallo, Ulf! … Ach du meine Güte! …
Das ist schlimm! Tut mir leid … Natürlich helfe ich
dir. Ich mache mich gleich auf den Weg."

Herr Dahlmann legt auf.

„Was ist passiert?", fragt Lena neugierig.

„Das war mein Freund Ulf Neiser. Er ist der Leiter vom Reitverein Concordia", antwortet Herr Dahlmann und kratzt sich nachdenklich am
Kinn. „Der Sturm hat bei ihnen auf der Anlage schwer gewütet. Eine
große Eiche ist mitten auf die Reithalle gekracht und ein weiterer Baum
hat einen der Ställe beschädigt. Nun sind zwei Pferde ohne Box und
stehen quasi im Freien."

„Die Armen!", sagt Hannah mitfühlend. „Es ist ja nachts noch ziemlich
kalt."

Herr Dahlmann nickt. „Deshalb fahre ich auch gleich mit dem Pferde-
hänger rüber und hole sie ab. Sie bleiben so lange bei uns auf dem Hof,
bis ihr Zuhause wieder hergestellt ist." Er macht eine kurze Pause. „Leider muss unter diesen Umständen auch das Turnier in ein paar Tagen
ausfallen", fährt er dann fort.

„Was?" Lena, Hannah und Paul lassen die Köpfe hängen und machen
lange Gesichter.

„Ich hatte mich schon so darauf gefreut", seufzt Hannah.

„Blöder Sturm!", mault Paul.

„Aufgeschoben ist ja nicht aufgehoben!", sagt Herr Dahlmann tröstend. „Vielleicht kann der Wettbewerb ja in ein paar Wochen nachgeholt werden."

„Hauptsache ist doch, dass niemand verletzt wurde, weder Mensch noch Pferd", sagt Rebecca und nickt den dreien aufmunternd zu.

„Das war wirklich großes Glück!", erklärt Herr Dahlmann jetzt. „Der Reitverein liegt mitten in einem Wäldchen mit vielen alten Bäumen. Das Ganze hätte also auch noch viel schlimmer kommen können. So sind es nur Sachschäden."

„Stimmt auch wieder!", meint Lena.

Drei Jungs und zwei neue Pferde

Am nächsten Tag sind Lena, Hannah und Paul schon früh am Morgen wieder auf dem Kastanienhof. Sie wollen sich die beiden Pferde ansehen, die Herr Dahlmann gestern Abend noch vom Reitverein Concordia abgeholt hat. Als sie ihre Fahrräder vor dem Ponystall abstellen, kommt Rebecca mit einer Werkzeugkiste unterm Arm aus dem Gutshaus. „Hey, ihr drei! Schon auf den Beinen?"

„Morgen, Rebecca."

„Für was brauchst du denn das Werkzeug?", fragt Paul neugierig.

„Ich will die Weidezäune reparieren, damit Krümel, Blümchen und die anderen bald wieder rauskönnen", erklärt sie.

„Wir helfen dir", verspricht Lena sofort. „Wir wollen uns nur schnell die Neuen ansehen."

„Dürfen wir doch, oder?", fragt Hannah nach.

„Klar! Die beiden stehen in der gleichen Stallgasse wie Pearl. Mimi steht ihr gegenüber und Carlos gleich neben Hidalgo", sagt Rebecca. „Sie freuen sich bestimmt über eine Möhre und ein paar Streicheleinheiten. Das Futter, das vorher in einer der Boxen war, liegt jetzt in der Futterkammer im Ponystall", erzählt sie weiter. „Also achtet bitte darauf, dass die Tür von Krümels Box immer gut verschlossen ist. Es wäre schließlich nicht das erste Mal, dass der Schlingel über unsere Vorräte herfällt."

Lena nickt wissend. Immerhin ist Krümel so ziemlich das verfressenste Pony der Welt.

„Das machen wir!", verspricht sie deshalb und läuft zusammen mit Hannah und Paul zuerst in den Ponystall, um sich schnell ein paar Möhren zu holen. Dann flitzen sie rüber zum Stall der Großpferde. Wenig später stehen sie vor Mimis Box.

„Die ist ja wunderschön!", staunt Paul, als er das neue Pferd sieht.

„Ein Friese!", weiß Hannah. „Schaut mal, die schöne gelockte Mähne und der Behang."

„Behang?", fragt Paul nach, während er der pechschwarzen Stute die Stirn krault.

„So heißen die langen Haare an den Beinen", erklärt Hannah, während Lena zu Carlos geht und ihm eine Möhre hinhält. Der braune Riese nimmt sie vorsichtig und beginnt genüsslich zu kauen. Dabei schnaubt er zufrieden.

„Ja, du bist ein ganz Lieber", sagt Lena und streichelt ihm über den Hals. „Das stimmt!"

Lena, Paul und Hannah schauen sich suchend um. Da entdecken sie Herrn Dahlmann in Hidalgos Box. Er kontrolliert gerade die Hufeisen seines wertvollen Springpferdes.

„Carlos ist ein absolutes Lamm, trotz seiner Größe", erzählt er den dreien. „Man kann auf ihm voltigieren und er geht sogar vor einer Kutsche, ein echtes Multitalent."

„Wow! Du bist also ein richtiges Superpferd", lacht Lena.

„Ganz genau!", erwidert Herr Dahlmann augenzwinkernd.

„Wie lange werden die beiden denn bleiben?", fragt Paul neugierig.

„Eine ganze Weile, schätze ich", antwortet Herr Dahlmann nachdenklich. Er lehnt sich gegen die Boxentür und reibt sich den Nacken. „Der Sturm hat den Reitverein wirklich schlimm erwischt. Die Halle ist kaum noch zu retten und muss wahrscheinlich abgerissen werden. Auch die Reparatur des Stalles wird eine Menge Zeit und vor allem Geld kosten. Leider ist mein Freund, Herr Neiser, nicht gegen Sturmschäden versichert und nun steckt der Reitstall Concordia in großen finanziellen Schwierigkeiten. Möglich, dass der Verein auch ganz schließen muss. Dann verlieren über dreißig Pferde und Ponys ihr Zuhause."

„Das ist ja schrecklich!", ruft Paul mitfühlend und die Mädchen nicken.

„Wenn ich mir vorstelle, der Kastanienhof wäre plötzlich nicht mehr da und Krümel müsste umziehen – vielleicht sogar ganz weit weg von hier", sagt Lena und bekommt große Augen. „Das wäre schrecklich! Ich kann mir ein Leben ohne meinen Liebling überhaupt nicht vorstellen."

„Ohne Blümchen – niemals!", pflichtet Hannah ihr bei.

„Na, noch ist es ja nicht so weit!", beruhigt Herr Dahlmann die Mädchen. „Herr Neiser und weitere Vereinsmitglieder suchen bereits fieberhaft nach einer Möglichkeit, das Schlimmste abzuwenden. Mimi und Carlos bleiben jedenfalls erst mal hier bei uns."

„Und wir verwöhnen sie kräftig", verspricht Paul und tätschelt Mimi den Hals.

Dann verabschieden sich die drei Kinder und gehen zu Rebecca, die sich gerade mit einem störrischen Zauntor abmüht.

„Der Sturm hat es aus seiner Verankerung gerissen", erklärt sie und wischt sich mit der Hand über die Stirn. „Könnt ihr es kurz anheben, damit ich die Halterung wieder an der richtigen Stelle festschrauben kann. Allein schaffe ich das irgendwie nicht."

„Klar!"

Paul und Hannah packen beherzt zu, während Lena mit Rebecca die Schrauben festzieht.

„Fertig!" Rebecca schaut zufrieden in die Runde. „Vielen Dank!"

„Wer ist das denn?", fragt Paul plötzlich erstaunt und deutet zum Gutshaus.

Dort stehen drei Jungen, ungefähr so alt wie Paul, in der Eingangstür und schauen sich neugierig um.

„Ach genau! Das wisst ihr ja noch gar nicht. Das sind Lukas, Nils und Jonathan", antwortet Rebecca. „Sie wollten eigentlich ihre Osterferien bei Herrn Neiser verbringen und am Ende auch am Turnier des Reitvereins teilnehmen. Da dort aber im Augenblick das große Chaos herrscht und die drei Jungen bei den Aufräumarbeiten nur im Weg gewesen wären, hat Herr Dahlmann sie kurzerhand auf den Kastanienhof eingeladen."

„Cool!", meint Paul und scheint sich sichtlich über die unerwarteten Feriengäste zu freuen. „Endlich mal Jungs, die auch reiten. Nicht immer nur Mädchen."

„Hey, ich dachte, du bist gerne mit uns zusammen", beschwert sich Lena und knufft Paul freundschaftlich in die Seite.

„Ja, klar!", bestätigt Paul augenzwinkernd. „Aber so ein paar Jungs können nicht schaden. Immerhin kommen morgen auch noch Emma und Cara."

„Da hast du wahrscheinlich recht", sagt Hannah schmunzelnd.

„Wie wäre es denn, wenn ihr ihnen den Hof und die Ponys zeigt", schlägt Rebecca vor. „Ihr würdet mir damit einen großen Gefallen tun. Ich bin hier nämlich leider noch ein bisschen beschäftigt. Aber wenn ich fertig bin, gibt es für alle eine Reitstunde. Einverstanden?"

„Super!"

„Klasse!"

„Das machen wir!"

„Na, dann stell ich euch kurz vor", sagt Rebecca und marschiert, gefolgt von der Ponybande, in Richtung der Jungen.

„Tut mir leid, dass ihr warten musstet", entschuldigt sich die Reitlehrerin bei Lukas, Jonathan und Nils. „Aber wegen des Unwetters gestern muss einiges repariert werden."

„Kein Problem. Wir freuen uns, dass wir hierbleiben dürfen", antwortet Jonathan und die anderen beiden nicken zustimmend.

„Das sind Lena, Hannah und Paul", erklärt Rebecca dann. „Zusammen mit Emma, die morgen mit ihrer Schwester Cara ankommt, sind sie die Ponybande vom Kastanienhof. Sie kennen sich hier bestens aus und zeigen euch den Hof." Damit verabschiedet sich Rebecca und macht sich wieder an die Arbeit.

„Ponybande?", prustet Lukas los, sobald die Reitlehrerin außer Hörweite ist. „Wie niedlich!"

„Haha, was für ein ‚cooler' Name für eine Gang von Kleinkindern!", meint Jonathan spöttisch.

„Blödmänner", brummt Lena und schaut die Jungs grimmig an.

„Wie würdet ihr euch denn nennen?", fragt Hannah mit verschränkten Armen.

„Die furchtlosen Cowboys", ruft Nils sofort.

„Kriegerische Reiter", sagt Jonathan.

Lena verdreht die Augen. „Klar! Das ist natürlich viel besser!"

„Na ja, … irgendwie schon", meint Paul vorsichtig.

„Was?" Lena schaut überrascht zu Paul.

„Typisch Jungs!", schimpft Hannah. „Mein Bruder wäre auch am liebsten immer Ninja, Pirat oder mindestens Robin Hood."

„Klingt halt mehr nach Abenteuer", versucht Paul zu erklären.

„Eben!", sagt Lukas und grinst breit. „Jungs wollen schließlich was erleben."

Ungläubig schütteln Hannah und Lena die Köpfe.

„Und wir nicht, oder was?", fragt Lena schnippisch. „Mädchen können genauso abenteuerlustig sein wie Jungs."

„Genau!", stimmt Hannah ihrer Freundin zu.

„Pfft, wer's g…", setzt Lukas an.

„Äh, ja, also dann kommt mal mit. Ich zeige euch erst mal die Ponys", unterbricht Paul ihn schnell. Lena und Hannah sind schon verärgert genug. „Mein Pflegepferd Amarok ist ein Pinto, ein richtiges Indianerpferd."

„Na, da bin ich ja mal gespannt", meint Lukas lässig und die drei Jungen schlendern hinter Paul her Richtung Ponystall.

Lena und Hannah schauen ihnen kopfschüttelnd nach.

„Das kann ja heiter werden", seufzt Lena.

Hannah nickt. „Das wird noch was geben", vermutet sie und die beiden folgen Paul und den Jungs in den Stall.

Während die Ponybande den Gästen den Hof zeigt, albern die Jungs herum und rempeln sich zum Spaß immer wieder an. Und auch Paul macht begeistert mit. Als Nils sich schließlich noch eine am Boden liegende Stange schnappt und so tut, als würde er bei einem Lanzenturnier mitmachen, verdrehen Lena und Hannah nur genervt die Augen.

Bei der Reitstunde mit Rebecca müssen Lena und Hannah allerdings feststellen, dass Lukas, Jonathan und Nils richtig gut im Sattel sitzen. Lukas meistert mit Amadeus, einem süßen Haflinger, sogar einen kleinen Kreuzsprung. „Na ja, auch wenn sie doof sind, reiten können sie", flüstert Hannah Lena zu.

„Stimmt", muss auch Lena zugeben.

Währenddessen strahlt Paul über das ganze Gesicht. Er freut sich sichtlich darüber, dass heute endlich einmal die Jungen in der Überzahl sind.

„Gott sei Dank kommen morgen Emma und Cara", sagt Lena. „Dann steht es vier zu vier. Gleichstand!"

Wiederschensfreude

Am nächsten Tag machen sich Lena und ihr Vater mit dem Auto auf den Weg zum Bahnhof. Sie wollen Emma, ihre große Schwester Cara und ihre Mutter vom Zug abholen und dann zum Kastanienhof bringen. Nach einem kurzen Zwischenstopp fährt die Mutter der beiden heute Nachmittag noch weiter zu ihrem Bruder nach Hamburg.

„Ich freue mich so!", sagt Lena und rutscht unruhig auf dem Autositz hin und her. „Gleich ist die Ponybande wieder komplett und Cara ist eigentlich auch ganz nett. Hannah und Paul kommen übrigens auch zum Bahnhof", fährt Lena fort. „Sie fahren mit den Rädern. Papa, kannst du nicht ein bisschen Gas geben? Sonst sind wir am Ende noch zu spät."

„Beruhige dich, Schatz, wir sind ja schon da", antwortet Lenas Vater lachend und fährt auf den nächsten Parkplatz.

„Wir müssen auf Bahnsteig drei", erklärt Lena hastig. In ihrem Bauch kribbelt es vor Vorfreude. Schnell springt sie aus dem Wagen und saust los – durch die Wartehalle, am Zugang für die Gleise eins und zwei vorbei, dann die Treppe rauf.

„Komm schon, Papa", ruft Lena ihrem Vater zu, der ihr schmunzelnd folgt.

Als sie auf dem Bahnsteig ankommen, sieht Lena auch schon Hannah, die bereits ungeduldig wartet. Als Hannah ihre Freundin entdeckt, winkt sie ihr fröhlich zu.

„Hallo, Lena, hierher", ruft sie.

Lena läuft zu Hannah und begrüßt sie herzlich. Dann schaut sie sich suchend um.

„Wo steckt denn Paul? Er wollte doch auch dabei sein, wenn Emma ankommt."

Hannah zuckt mit den Schultern. „Eigentlich schon!"

Da flitzt Paul mit knallrotem Kopf die Treppe hoch und direkt zu Lena und Hannah.

„Geschafft!", schnauft er und hält sich die stechende Seite. „Das war ganz schön knapp!"

„Wo warst du denn?", erkundigt sich Hannah neugierig.

„Ich war mit den Jungs unterwegs", erzählt Paul nun. „Wir waren am Kastanienhofsee und auf der Apfelwiese. Dabei habe ich die Zeit total vergessen."

„Unser Geheimversteck in der Scheune hast du ihnen aber nicht verraten, oder?", fragt Lena misstrauisch.

„Natürlich nicht!", antwortet Paul entrüstet. „Was denkst du denn von mir?"

„Stimmt, das war blöd!", gibt Lena kleinlaut zu. „Entschuldige."

„Ach, schon gut!", meint Paul mit einem Lächeln. „Aber Lukas, Jonathan und Nils sind echt in Ordnung. Ihr müsst sie nur erst richtig kennenlernen. Na ja … und … ‚Ponybande' klingt schon ein bisschen nach dem Titel einer Mädchenzeitschrift, findet ihr nicht?"

„Na und, wir sind doch auch Mädchen. Bisher hat dich das jedenfalls nicht gestört", erwidert Hannah stirnrunzelnd.

„Tut es auch jetzt nicht!", erklärt Paul voller Überzeugung. „Ihr seid meine besten Freunde und wir unternehmen zusammen tolle Sachen. Da ist es mir doch völlig egal, wie unsere Bande heißt. Ehrlich!"

Hannah will gerade etwas sagen, da fährt der Zug auf dem Bahnsteig ein und das laute Quietschen der Schienen übertönt alle anderen Geräusche. Die Türen gehen zischend auf und erste Fahrgäste steigen aus. Sofort ist der Streit vergessen und Lena, Hannah und Paul schauen sich suchend um. Es dauert nicht lange und Emma tritt, gefolgt von ihrer Schwester Cara und ihrer Mutter, auf den Bahnsteig.

„Endlich!" Lena schnappt sich Emma und drückt sie einmal ganz fest.

Dann umarmt sie auch Cara kurz und schüttelt ihrer Mutter die Hand. „Schön, dass ihr da seid."

„Wir freuen uns auch riesig, wieder hier zu sein", sagt Cara glücklich und ihre Augen strahlen.

„Wie geht es Krümel und Amarok? Hat Blümchen schon ihr Fohlen?", platzt es aus Emma heraus, kaum, dass sie auch Paul, Hannah und Lenas Vater begrüßt hat.

„Gut, und nein. Aber Blümchen hat schon einen ganz dicken Bauch", antwortet Hannah lachend.

„Ich kann es kaum erwarten, endlich alle wiederzusehen", sagt Emma und ihre Wangen glühen voller Vorfreude. „Ganz besonders Krümel! Ich hab ihn so vermisst."

„Seit Tagen spricht Emma nur noch von ihrem absoluten Lieblingspony und der Ponybande", berichtet ihre Mutter lachend. „Erst gestern haben Cara und sie noch haufenweise Leckerlis für Krümel und seine Kumpels gebacken."

„Deshalb sind die Koffer vielleicht auch ein bisschen schwerer", ergänzt Cara mit einem entschuldigenden Lächeln.

„Die haben wirklich ordentlich Gewicht", ächzt Lenas Vater, als er zwei Koffer hochhebt. „Aber bis zum Parkplatz ist es ja nicht weit."

„Wir fahren mit dem Auto zum Kastanienhof", erzählt Lena und schnappt sich zusammen mit Cara die Tasche, die noch auf dem Boden steht.

„Paul und ich nehmen die Räder", erklärt Hannah, während alle Lenas Vater zum Ausgang folgen. „Die stehen vor dem Bahnhof."

„Mal sehen, wer schneller ist", ergänzt Paul augenzwinkernd und saust los.

Hannah stöhnt. „Typisch Jungs! Warum muss es denn immer gleich ein Wettrennen sein?", beschwert sie sich. Doch wenig später sitzt auch sie auf ihrem Rad und tritt kräftig in die Pedale.

Lena kann sich ein Grinsen kaum verkneifen, als sie den beiden hinter-
herschaut. Dann nimmt sie neben Emma und Cara auf der Rückbank
Platz, während die Mutter der Schwestern sich nach vorne auf den Bei-
fahrersitz setzt. Lenas Vater startet den Motor und Lena beginnt zu erzählen.

„Ihr glaubt nicht, was in den letzten Tagen alles passiert ist …"
Emma und Cara hören aufmerksam zu.
„Bei euch war ja ganz schön was los", stellt Cara am Ende fest.
Lena nickt. „Ja, Langeweile hatten wir jedenfalls keine! Ich habe mir so-
gar eine Blase geholt." Lena hält den beiden Schwestern ihre Hand hin.
„Die armen Menschen und Pferde vom Reitverein", sagt Emma mitfüh-
lend. „Was, wenn der Reitverein Concordia wirklich schließen muss?"
„Das wäre schrecklich!", findet auch Cara und Lena nickt ernst.

„Herr Neiser braucht das Geld für die Reparaturen wirklich ganz dringend, sonst ist alles aus."

„Wie viel so ein Hallendach wohl kostet?", überlegt Cara.

„Keine Ahnung", meint Lena schulterzuckend. „Aber bestimmt nicht wenig und ein Stall muss auch noch erneuert werden."

„Man muss Herrn Neiser doch irgendwie helfen können", meint Emma nachdenklich und knabbert an ihrem Daumennagel.

Die drei überlegen fieberhaft.

„Wir könnten uns mit Krümel auf den Marktplatz stellen und Geld sammeln", schlägt Lena vor.

„Wie wäre es mit Ponyreiten im Park? Eine Runde auf den Shettys Blacky und Bommel für zwei Euro", meint Cara.

„Oder wir machen beides und noch ganz viel mehr", platzt es da aus Emma heraus. Sie ist ganz aufgeregt und ihre Stimme überschlägt sich fast. „Wir veranstalten ein Hoffest mit Flohmarkt, Kuchenverkauf, Lose ziehen und was uns sonst noch so einfällt."

„Emma, du bist genial!", ruft Lena begeistert. „Das machen wir! Am besten treffen wir uns nachher mit Hannah und Paul in unserem Bandenquartier, um alles Weitere zu planen. Sie haben bestimmt auch noch ein paar Ideen."

„Ähm, darf ich auch mitkommen?", fragt Cara zaghaft.

„Mhhh, also, ich weiß nicht …" Lena zieht die Stirn kraus und tut so, als müsse sie sich das noch einmal genau überlegen.

Cara senkt enttäuscht den Kopf. Da kann sich Lena das Lachen nicht mehr verkneifen.

„War nur Spaß! Klar kannst du mitkommen. Für die Rettung des Reitvereins brauchen wir schließlich jede Unterstützung, die wir kriegen können", erklärt sie und stupst Cara freundschaftlich in die Seite.

Bunte Ponys

Auf dem Kastanienhof werden Emma und Cara bereits erwartet. Herr Dahlmann und Rebecca stehen vor dem Gutshaus und begrüßen die beiden Mädchen und ihre Mutter herzlich.

„Dieses Mal wohnt ihr im Rosenzimmer", erzählt Herr Dahlmann. „Es befindet sich im ersten Stock und hat ein eigenes Badezimmer."

„Rosenzimmer", schwärmt Emma. „Das klingt ja wie im Märchen. Ich liebe Dornröschen."

„Und ich Schneeweißchen und Rosenrot", ergänzt Cara lachend.

„Dann gefällt es euch bestimmt", meint Rebecca zuversichtlich. „Lukas, Nils und Jonathan schlafen übrigens auch im ersten Stock. Allerdings ist das Zimmer der Jungs auf der anderen Seite des Flurs. Ihr habt sicher schon gehört, dass wir noch weitere Feriengäste über Ostern haben, oder?" Rebecca schaut augenzwinkernd zu Lena.

„Ja, wir wissen Bescheid", antwortet Cara an Lenas Stelle. „Die drei sollen ja ganz …" Sie macht eine kurze Pause. „… ‚abenteuerlustig' sein", fährt sie dann fort.

„Na, jetzt bringen wir erst mal euer Gepäck nach oben und dann gibt es für alle Kakao und Kuchen", sagt Herr Dahlmann schmunzelnd. „Dabei könnt ihr die drei Jungs ein wenig beschnuppern, während Lukas, Nils und Jonathan die Chance haben, die Ponybande näher kennenzulernen. Hannah und Paul sind doch bestimmt auch jeden Augenblick hier, oder?", vermutet er.

Lena nickt. „Sie kommen mit den Rädern und müssten gleich da sein."

„Können wir nicht vorher noch ganz kurz zu Krümel?", bittet Emma sehnsüchtig. „Ich halte es keine Sekunde mehr aus."

„Klar! Krümel freut sich immer über ein paar Extrastreicheleinheiten", meint Rebecca.

„Und über ein paar zusätzliche Leckerlis?", fragt Cara und zieht die Tüte mit selbst gebackenen Pferdekeksen aus der Seitentasche ihres Koffers.

„Na, da sagt er sicher nicht Nein", antwortet Rebecca lachend.

„Aber zuerst verabschiede ich mich", sagt ihre Mutter da und drückt Cara und Emma einmal ganz fest. „Tschüss, meine Süßen! Ostermontag holen Papa und ich euch wieder ab. Bis dahin habt ihr ganz viel Spaß, versprochen?"

Emma und Cara nicken heftig. „Haben wir bestimmt!", rufen die beiden wie aus einem Munde.

Dann flitzen sie zusammen mit Lena in den Ponystall, während ihre Mutter wieder zu Lenas Vater ins Auto steigt und davonfährt.

„Hallo, Krümel, ich bin wieder da", ruft Emma überglücklich und fliegt fast die letzten Schritte bis zur Box des Isländers.

Doch plötzlich bleibt sie wie angewurzelt stehen. Auch Cara und Lena trauen ihren Augen kaum.

In der Mähne des kleinen Ponys stecken lauter kleine Glitzerspangen, das Fell hat rosa Tupfen und der Schweif ist blau. An der Boxentür hängt ein Pappschild. Darauf steht in bunten Farben „Schönheitsfarm – wir schminken jedes Tier. Der Ponyclub".

Lena bekommt vor Wut einen Knoten im Bauch und ballt ärgerlich die Fäuste. „Ponybande, nicht Club", schimpft sie. „Außerdem braucht Krümel weder Lidschatten noch Nagellack. Er ist auch so der Allerschönste!"

„Stimmt genau!", pflichtet Emma ihr bei und krault ihrem Liebling zärtlich die Stirn.

„Blümchen ist auch bemalt", stellt Cara fest und deutet auf die kleine Stute in der Nachbarbox. Sie ist übersät mit blauen Flecken und hat eine rosa Mähne.

„Meint ihr, das waren die drei Jungs?", fragt Emma und versucht die erste Spange behutsam aus Krümels Haaren zu lösen. Das ist gar nicht so leicht, denn das kleine Ding hat sich in der Mähne gründlich verhakt. Krümel schüttelt unwillig den Kopf.

„Ich weiß, das ziept. Tut mir leid, mein Süßer!", entschuldigt sich Emma und ist ab jetzt noch viel vorsichtiger.

Lena seufzt und beginnt dann Emma zu helfen.

„Natürlich waren das Lukas, Nils und Jonathan. Wer sonst kommt schon auf so einen saublöden Scherz?"

Da betreten Paul und Hannah den Stall.

„Blümchen!", quietscht Hannah und läuft besorgt zu ihrem Liebling. „Was ist denn das für Farbe?" Sie fährt der Stute mit der Hand durchs Fell.

Lena zuckt mit den Schultern. „Keine Ahnung, das müssen wir wohl die Jungs fragen."

„Hoffentlich ist die nicht giftig", jammert Hannah besorgt.

„Nee, bestimmt nicht! Lukas, Nils und Jonathan lieben Pferde genauso sehr wie wir. Sie würden niemals etwas tun, das für die Tiere gefährlich ist", erklärt Paul überzeugt und wirft einen Blick in die Box seines Lieblings. „Mmh, mit Amarok ist alles in Ordnung, nicht eine Spange in der Mähne und auch keine Farbe im Fell."

„Klar! An ihn haben sich die drei nicht herangetraut", sagt Lena. „Er ist schließlich nicht so lammfromm wie Krümel und Blümchen."

Paul ist der einzige Mensch, der ohne Probleme zu dem Pinto in die Box gehen kann. Nach anderen Menschen schnappt Amarok gerne. Selbst Lena und Hannah hat er schon das eine oder andere Mal gezwickt. Aber die beiden sind ihm deshalb nie böse. Schließlich wissen sie, was der kleine Kerl schon alles durchgemacht hat.

In diesem Augenblick öffnet sich die Stalltür.

„Der Kakao ist fertig", ruft Rebecca und stutzt. „Nanu, wolltet ihr schon mal fürs Ostereieranmalen üben?", meint sie lachend, als sie Blümchen und Krümel entdeckt.

„Das waren Lukas, Jonathan und Nils!", schimpft Hannah und stemmt wütend die Arme in die Seite.

Rebecca geht hinüber zu Krümel und streicht über sein angemaltes Fell. „Mhhh, sieht nach ganz normaler Fingerfarbe aus, aber ganz sicher bin ich mir nicht", sagt sie nachdenklich. „Na, dann fragen wir die drei

Spaßvögel mal, womit sie die Ponys so hübsch geschmückt haben." Mit der Ponybande geht sie rüber zum Herrenhaus und direkt in die Küche. Dort sitzen die drei Jungen bereits am Tisch und lassen sich Schokokuchen mit Schlagsahne schmecken.

„Da sind ja unsere Pferdemaler", sagt Rebecca schmunzelnd. „Was für Farbe habt ihr denn für eure bildschönen Kunstwerke benutzt?"

„Wenn die giftig ist, dann …", platzt es aus Hannah heraus und sie hebt drohend die Faust.

Lukas winkt ab. „Quatsch, das ist bloß Fingerfarbe", meint er lässig. „Völlig ungefährlich. Bei uns zu Hause gibt es einmal im Jahr eine Indianerwoche. Da malen wir die Pferde immer damit an."

„Das habe ich mir schon gedacht. Wo habt ihr die Farbe denn her?", fragt Rebecca neugierig.

„Als Paul weg war, sind wir in den Supermarkt am Ortseingang gegangen und haben sie gekauft", erzählt Jonathan.

„Uns war langweilig", gibt Nils zu und grinst verschmitzt. „Da haben wir uns gedacht, wir könnten euch einen kleinen Streich spielen. Alles ganz harmlos."

„Es gibt wirklich überhaupt keinen Grund, sich aufzuregen", pflichtet Lukas ihm bei, als er die grimmigen Gesichter der Mädchen sieht.

„Ihr müsst Krümel und Blümchen ja auch nicht waschen", beschwert sich Hannah und stöhnt. „Blümchen bekommt bald ihr Fohlen und ist deshalb total empfindlich am Bauch."

„Warum eigentlich nicht?", meint Rebecca da. „Wer Ponys anmalt, muss sie hinterher auch wieder sauber machen, finde ich." Die Reitlehrerin schaut erwartungsvoll zu Lukas, Nils und Jonathan.

„Okay, machen wir!", erklärt Jonathan bereitwillig und schiebt seinen leeren Teller in die Mitte des Tisches. Auch Nils und Lukas sind sofort einverstanden.

Sie wollen schon aufspringen, als Lena sich ihnen in den Weg stellt.

„Auf gar keinen Fall!", erklärt sie entschlossen und stemmt die Arme in die Seite. „Hannah und ich kümmern uns um Krümel und Blümchen und holen auch diese blöden Glitzerdinger aus der Mähne. Wisst ihr eigentlich, dass Haarspangen ganz doll ziepen können? Das kann richtig wehtun!"

„Genau! Aber davon haben Jungs natürlich keine Ahnung", schnaubt Hannah. „Jedenfalls müssen die Teile nun ganz vorsichtig entfernt werden. Also Finger weg, das können wir besser."

„Wir helfen", erklärt Emma sofort und auch Cara nickt.

Die Mädchen machen auf dem Absatz kehrt und laufen zurück zum Stall. Paul bleibt bei den drei Jungs in der Küche.

„Wir wollten wirklich nur einen Spaß machen", beteuert Jonas nun etwas zerknirscht und fährt sich mit der Hand durchs Haar.

„Weiß ich doch!", meint Paul lässig und winkt ab. „Die Mädchen regen sich schon wieder ab. Die beiden neben Lena und Hannah waren übrigens Emma und Cara."

„Das haben wir uns schon gedacht", sagt Nils.

SCHÖNHEITS-
FARM
Wir schminken   jedes Tier
Der Ponyclub

Wasserspiele

Die vier Mädchen holen vier dicke, weiche Schwämme und Eimer, die sie mit lauwarmem Wasser füllen. Dann geben sie noch einen Spritzer Pferdeshampoo dazu. Danach verschwinden Lena und Emma zu Krümel in die Box, Hannah und Cara kümmern sich um Blümchen und zu viert führen sie die Isländer zum Putzplatz. Behutsam löst Lena die letzten Spangen aus Krümels Mähne, während Emma damit beginnt, sein Fell zu waschen. Hannah beobachtet angespannt, was passiert.

„Die Farbe geht ganz leicht ab", meint Emma beruhigend. „Man muss gar nicht viel schrubben."

Hannah atmet erleichtert auf. „Das ist gut! Ich möchte Blümchen nämlich nicht unnötig auf ihrem dicken Bauch herumdrücken."

„Ich bin ganz vorsichtig", versichert Cara und streicht der Stute leicht über den Rücken.

Beherzt greift nun auch Hannah zum Schwamm und wäscht Blümchens Unterseite. Zum Glück bleibt die kleine Stute ganz ruhig stehen und lässt Hannah und Cara einfach machen, was man von Krümel nicht behaupten kann. Immer wieder dreht er sich um und versucht Emma den Schwamm zu stibitzen, was ihm schließlich auch gelingt. Mit dem nassen Schwamm im Maul schüttelt er kräftig den Kopf.

„Ihhhh!"

„Das spritzt!"

Lena und Emma heben schützend die Hände vor die Gesichter.

„Da will wohl jemand nicht alleine baden", stellt Hannah lachend fest.

„Mensch, Krümel, ich habe mich heute früh schon gewaschen", erklärt Lena gespielt beleidigt und wischt sich ein paar Wassertropfen aus dem Gesicht. Dann prustet sie los.

„Eigentlich hast du recht. Eine zweite Dusche könnte nicht schaden."

„Was?" Noch bevor sich Cara umdrehen kann, trifft sie schon ein Spritzer Wasser im Nacken.

„Hey!" Cara sieht Lena ärgerlich an. Doch diese grinst nur breit und taucht den Schwamm erneut ins Wasser. Es dauert nicht lange und eine handfeste Wasserschlacht ist im Gange.

„Pfff!" Hannah schüttelt sich eine nasse Haarsträhne aus dem Gesicht. „Wir wollten doch Blümchen und Krümel waschen und nicht uns", kichert sie.

„Stimmt", antwortet Lena und die anderen nicken. „Na, dann mal los." Cara bückt sich nach einem auf dem Boden liegenden Schwamm und putzt einen blauen Punkt an Blümchens Hals weg.

Endlich ist die Farbe aus Krümels Mähne verschwunden und das Fell beider Ponys wieder blitzsauber. Zum Schluss reiben die Mädchen die beiden Isländer noch mit etwas Stroh trocken.

„Geschafft!" Lena schnauft einmal tief durch. „Jetzt könnte ich ein Stück Kuchen vertragen."

„Ich auch!", erklärt Emma lachend. „Und trockene Klamotten. Die hier haben ganz schön was abbekommen."

Cara nickt. „Einen neuen Pulli fände ich auch nicht schlecht. Wie sieht es bei euch aus?", wendet sie sich an Lena und Hannah. „Ich könnte euch etwas leihen."

„Ein neues Oberteil wäre schon klasse!", findet auch Hannah und schaut an sich herunter. „Meins ist klatschnass. Das ist auf Dauer ziemlich unangenehm und kalt auf der Haut."

Lena nickt. „Im Sommer bei dreißig Grad im Schatten ist das ja ganz okay, aber Mitte April … brrr!" Sie schüttelt sich.

„Also gehen wir uns schnell umziehen und dann schauen wir in der Küche nach, ob noch etwas vom Schokokuchen übrig ist", schlägt Cara vor.

Die vier sausen ins Rosenzimmer. Dort stehen bereits die Koffer der Mädchen und warten nur darauf, ausgepackt zu werden. Rebecca und Herr Dahlmann haben sie raufgebracht.

„Ist das schön hier!", stellt Emma staunend fest, als sie sich umschaut.

Die Tapete an den Wänden zieren feine Blumenranken, die sich im Muster der Gardinen vor den Fenstern wiederholen. In der Mitte steht ein riesiges Himmelbett für zwei Personen – natürlich mit passender Bettwäsche.

„Irre!" Auch Cara ist ganz begeistert. „Das werden märchenhafte Ferien."

„Wenn Lukas, Jonathan und Nils uns keinen Strich durch die Rechnung machen", meint Hannah seufzend.

„Ach, die drei können uns den Urlaub doch nicht vermiesen", erklärt Cara zuversichtlich und hält Hannah einen hübschen dunkelblauen Pulli hin. Lena bekommt ein cooles Shirt.

„Danke!"

Schnell schlüpfen die beiden hinein.

„Passt super!", stellt Hannah zufrieden fest und auch Lena strahlt.

„Eigentlich war das Waschen der Ponys ganz lustig", meint sie dann. „Findet ihr nicht auch?"

Emma, Cara und Hannah nicken lachend.

Nachdem die Mädchen umgezogen sind, stürmen alle vier in die Küche. Sie haben Glück! Auf dem Tisch stehen tatsächlich noch Kuchen und Kakao.

„Super!", freut sich Hannah, schnappt sich ein Stück und beißt genüsslich hinein. „Lecker!"

Emma nimmt einen großen Schluck Kakao. „Mhhh! Lena, Cara und ich müssen dir und Paul übrigens noch etwas ganz Wichtiges erzählen", sagt sie dann. „Wir wollen nämlich dem Reitverein Concordia helfen und ..."

„Psst!", flüstert Lena und schaut sich um. „Das ist vorerst Ponybanden-Geheimsache. Nicht, dass uns noch jemand belauscht."

„Okay, dann besprechen wir gleich alles Weitere in unserem Bandenquartier", erklärt Emma. „Wo steckt Paul eigentlich?"

„Der ist bestimmt bei seinen neuen supercoolen Kumpeln", vermutet Hannah und verdreht die Augen.

„Er freut sich eben, dass es auch noch andere pferdebegeisterte Jungs außer ihm gibt", meint Lena versöhnlicher.

Da kommt Paul in die Küche geflitzt.

„Ach, hier seid ihr. Ich war gerade im Stall und wollte euch helfen, aber da wart ihr schon fertig", erzählt er.

„Mit ein bisschen Wasser und Pferdeshampoo war die Farbe ganz schnell runter", berichtet Lena wahrheitsgemäß.

„Sag ich doch, alles halb so schlimm", sagt Paul. „Es war halt nur ein kleiner Spaß."

Hannah verdreht die Augen. „Jungs und ihre Scherze", meint sie und seufzt.

„Und wo sind Lukas, Jonathan und Nils jetzt?", will Emma wissen.

„Peter hat sie mit zur oberen Koppel genommen", antwortet Paul. „Der Sturm hat den alten Baum umgekippt, der dort mitten auf der Wiese stand. Die drei haben angeboten zu helfen und die Äste kleinzuhacken, damit Peter sie mit dem Hänger abtransportieren kann."

„Gut! Dann können sie uns ja nicht stören", sagt Lena zufrieden und lächelt. „Wir planen nämlich ein Hoffest."

„Um Geld zu sammeln", ergänzt Emma.

„Damit wollen wir dann dem Reitverein Concordia helfen", erklärt Cara.

„Spitzenidee!" Paul ist sofort Feuer und Flamme.

Die Ponybande und Cara hocken sich um den Tisch in der großen Küche des Gutshofs und beginnen zu planen.

„Ostermontag wäre ein super Tag", meint Emma. „Da kommen unsere Eltern uns abholen und können gleich mitfeiern."

Cara nickt. „Stimmt! Und alle anderen Erwachsenen haben auch frei."

„Ich male Plakate", schlägt Paul vor. „Die können wir zum Beispiel in der Bank, im Supermarkt und im Park aufhängen."

„Und kleine Handzettel?", bittet Lena.

„Logisch!", antwortet Paul lachend. „Wenn ich zu Hause bin, setze ich mich gleich an die Entwürfe. Die kann ich dann bei meinem Papa im Büro kopieren."

„Und wir verteilen sie alle zusammen auf dem Kirchplatz", sagt Hannah. „Morgen ist doch Wochenmarkt. Da ist dort immer eine Menge los."

„Auf dem Fest wollen wir dann Kaffee und Kuchen anbieten und einen Flohmarkt mit alten Reitsachen veranstalten", berichtet Lena, was sie, Cara und Emma sich schon überlegt haben.

„Wir können Rebecca fragen, ob sie uns einige ihrer alten Klamotten gibt", meint Hannah begeistert. „Sie hat uns doch erzählt, dass sie noch Sachen von früher hat, Turnierjacken, weiße Reithosen … und bestimmt noch einiges mehr."

„Außerdem könnten wir Stockpferdchen basteln", schlägt Emma vor. „Ihr wisst schon, aus Socken, Filz und Wolle."

Genau solche hatte Rebecca mit der Ponybande am vergangenen Silvesterabend gebastelt und es hat allen riesigen Spaß gemacht.

„Super Idee! Damit können die Besucher dann an einem Hindernislauf teilnehmen", ergänzt Paul. „Über kleine Hürden und mit einem Löffel in der Hand, auf der man eine Kartoffel balancieren muss oder so."

„Au ja. Und als Preis gibt es Schleifen zu gewinnen, wie bei einem richtigen Turnier", ergänzt Lena. „Ich frage meine Mutter, ob sie uns welche näht."

„Oh, das wird einfach oberspitzenklasse!", schwärmt Emma und ihre Wangen leuchten voller Vorfreude.

„Aber vorher müssen wir Herrn Dahlmann fragen, ob er einverstanden ist", gibt Paul zu bedenken.

„Klar!" Lena nickt. Da beginnen ihre Augen plötzlich zu leuchten. „Beim Stichwort ‚nähen' fällt mir übrigens noch etwas ganz anderes ein. Ich bin gleich wieder da", meint sie und grinst verschmitzt.

Verflixt und zugenäht

Lena saust los und ist keine fünf Minuten später wieder zurück. In der Hand hält sie Nadel, Faden und Schere.

„Habe ich mir schnell ausgeliehen", erzählt sie mit einem breitem Grinsen. „Rebecca hat beides immer in ihrem Schreibtisch im Büro, das wusste ich. Sie hat mir einmal den Pulli repariert, nachdem ich mir ein kleines Loch am Weidezaun gerissen hatte."

„Und wozu brauchst du das Nähzeug?", fragt Emma verwundert.

„Für unsere kleine Rache", meint Lena augenzwinkernd. „So ganz ungeschoren sollten wir unsere drei Maler nämlich nicht davonkommen lassen, finde ich. Aber du darfst Lukas, Jonathan und Nils nichts verraten", bittet sie Paul.

Paul zieht die Stirn kraus und schaut skeptisch. „Was hast du denn vor?", will er zuerst wissen.

„Ich nähe die Ärmel und Beine ihrer Schlafanzüge zu", erklärt Lena ihren Plan. „Die drei sind ja noch auf der Weide. Also habe ich freie Bahn."

„Prima Idee!" Hannah ist gleich Feuer und Flamme. „Stellt euch mal vor, wie Lukas oder Nils heute Abend auf einem Bein durch die Gegend hüpft, während er mit dem anderen in der zugenähten Hose steckt."

„Eigentlich ganz lustig", muss auch Paul schmunzelnd zugeben. „Dumm nur, dass ihr beide davon nichts mitbekommen werdet. Oder schlaft ihr heute Nacht auch auf dem Kastanienhof?"

„Natürlich!", ruft Emma begeistert. „Unser Zimmer ist riesig. Da passen locker noch zwei Luftmatratzen rein."

Lena nickt und ihre Augen funkeln voller Vorfreude. „Wir fragen gleich Herrn Dahlmann und dann rufen wir zu Hause an. Unsere Eltern haben bestimmt nichts dagegen."

„Das wird super!", jubelt Emma.

Paul überlegt einen Augenblick. „Na, von mir aus! Ich verrate nichts!", verspricht er dann. „Aber ihr müsst mir morgen ganz genau erzählen, wie es war."

„Abgemacht!", meint Hannah lachend und wendet sich an Lena. „Du gehst rauf ins Jungenzimmer und fängst an zu nähen. Emma, Cara, Paul und ich kümmern uns um Herrn Dahlmann und unsere Eltern."

Cara schüttelt den Kopf. „Ich kann auch ein bisschen nähen und helfe Lena. Dann geht es schneller."

„Klasse!"

Lena und Cara flitzen los und die anderen machen sich auf die Suche nach dem Gutshofbesitzer.

Wie erwartet, haben weder Herr Dahlmann noch die Eltern von Hannah und Lena etwas dagegen, dass die beiden bei ihren Freundinnen übernachten. Außerdem ist Herr Dahlmann ganz begeistert von der Idee, mit einem Hoffest dem Reitverein und Herrn Neifer zu helfen.

Im Jungenzimmer nähen Lena und Cara um die Wette. Mit feinen Stichen schließen sie von jedem Schlafanzug der Jungen jeweils ein Hosenbein. Für mehr reicht die Zeit leider nicht. Lena ist so aufgeregt, dass sie sich ein paar Mal in den Finger sticht. Doch bei der Vorstellung, wie die Jungs in ihren Hosen stecken bleiben, muss sie dennoch grinsen. Als sie gerade fertig sind, kommt Emma hereingestürmt.

„Lukas, Nils und Jonathan sind wieder da", berichtet sie aufgeregt. „Zusammen mit Peter laden sie gerade das Holz vor der Scheune ab." Sie schnappt nach Luft. Als sie die Jungs im Hof gesehen hat, ist sie sofort nach oben gerannt.

„Dann nichts wie raus hier", ruft Lena und die drei Mädchen huschen über den Flur zur Treppe. Keine Sekunde zu früh, denn schon ruft Rebecca von unten zum Abendbrot.

Nach dem Essen verabschiedet sich Paul.

„Also dann, bis morgen", sagt er und nickt den Mädchen verschwöre-
risch zu.

Die vier Freundinnen verschwinden im Rosenzimmer. Dort pumpen
Lena und Hannah ihre Luftmatratzen auf und beziehen Wolldecken und
Kissen, die Rebecca ihnen mitgegeben hat. Währenddessen beobach-
ten Emma und Cara durch einen kleinen Spalt in der Tür den Flur.

„Da sind sie!", zischt Emma plötzlich.

Tatsächlich kommen in diesem Augenblick Lukas, Jonathan und Nils die
Treppe rauf.

„Ich bin völlig erledigt", erklärt Nils und gähnt herzhaft.

„Und ich erst!", meint Lukas und streckt die Arme Richtung Decke.
„Holz sägen ist echt anstrengend."

Jonathan nickt. „Auf jeden Fall! Aber es hat auch Spaß gemacht."

Die drei verschwinden in ihrem Zimmer und die Mädchen hören, wie die Tür mit einem leisen Klicken zufällt.

„Es geht los!", flüstert Lena.

Ganz leise schleichen die Mädchen über den Flur und horchen gespannt an der Tür. Da hören sie von drinnen ein heftiges Fluchen, gefolgt von einem lauten Gepolter.

„Autsch!"

Schnell reißen die Mädchen die Tür auf und sehen, wie Jonathan wackelig auf einem Bein durchs Zimmer hüpft. Nils liegt auf dem Boden, eines seiner Beine steckt in der Schlafanzughose fest, und Lukas steht daneben und hält sich lachend den Bauch.

„Das wart ihr, oder?", vermutet er sofort.

„Nur ein kleiner Scherz", meint Lena grinsend. „Alles ganz harmlos."

Hannah, Emma und Cara stehen kichernd hinter ihr.

„Na, so ganz ungefährlich vielleicht doch nicht", stöhnt Nils und reibt sich den Po. „Das gibt einen fetten blauen Fleck!"

„Euer Streich hat Nils glatt umgehauen", erzählt Lukas kichernd.

„Ha, ha, sehr witzig", brummt Nils und rappelt sich hoch. „Hoffentlich kann ich morgen reiten."

Jetzt schauen die Mädchen doch etwas betroffen.

„Tut es sehr weh?", erkundigt sich Emma ehrlich besorgt.

„Ach, alles halb so wild", winkt Nils da lachend ab. „Eure Idee war echt lustig!"

„Gar nicht schlecht", meint auch Jonathan anerkennend.

„Für vier Mädchen", ergänzt Lukas augenzwinkernd.

„Ihr helft uns jetzt aber, oder?" Lukas hält den Mädchen seine Hose mit dem zugenähten Bein hin.

„Biiittttte!"

Die drei Jungen legen die Köpfe schief und machen große Dackelaugen.

„Na, dann wollen wir mal nicht so sein", erklärt Lena schmunzelnd.

Schnell holt sie die Schere aus dem Rosenzimmer. In ein paar Minuten ist alles erledigt und die Jungen können ungehindert in ihre Schlafanzüge schlüpfen.

„Super, vielen Dank", sagt Jonathan und reckt den Daumen nach oben.

„Frieden?", fragt Lukas und hält Lena zur Versöhnung die Hand hin.

Lena nickt und schlägt ein.

„Die drei sind eigentlich ganz in Ordnung", sagt Emma, als die Mädchen wenig später im Rosenzimmer alle zusammen auf dem großen Himmelbett hocken.

„Finde ich auch", meint Lena und auch Hannah und Cara nicken.

„Dann könnten wir ihnen doch eigentlich auch von unserem Plan mit dem Hoffest erzählen", überlegt Emma weiter. „Wir können wirklich jede Unterstützung gebrauchen."

Lena, Hannah und Cara sind sofort einverstanden.

Friede, Freude, Möhrchen

Als Paul am nächsten Morgen in die Küche des Kastanienhofs kommt, geht es dort recht lustig zu. Lukas, Nils und Jonathan erzählen abwechselnd Lehrerwitze und die Mädchen kugeln sich vor Lachen.

„Na, ihr habt ja Spaß miteinander", wundert sich Paul.

Emma nickt. „Das Kriegsbeil ist begraben", sagt sie fröhlich und berichtet Paul, was am Abend alles passiert ist.

„Wir haben Lukas, Jonathan und Nils auch schon von unserem geplanten Hoffest erzählt", beichtet sie am Ende.

„Super!", freut sich Paul und setzt sich neben Lena. „Bin ich froh, dass dieses dämliche ‚Jungs gegen Mädchen' endlich vorbei ist. Ab jetzt haben wir alle zusammen tolle Osterferien auf dem Kastanienhof, ja?" Paul schaut fragend in die Runde.

„Versprochen!", ruft Lena lachend und alle anderen nicken zustimmend. Zufrieden holt Paul die Handzettel aus seinem Rucksack.

„Hundert Stück! Die Plakate hängen auch schon. Papa hat heute früh eins zum Supermarkt gebracht, das zweite im Park und das dritte bei sich in der Bank aufgehängt", erzählt er jetzt.

„Die Zettel wollen wir gleich auf dem Wochenmarkt verteilen", erklärt Cara den drei Jungs, die neugierig die handgemalten Flyer betrachten. „Wollt ihr mitkommen?"

Lukas zögert einen Augenblick. „Eigentlich … haben wir schon eine andere Idee, wie wir euch helfen können", antwortet er dann. „Jonathan, Nils und ich schnitzen ziemlich gerne. Wir könnten aus geeigneten Ästen zum Beispiel kleine Hufeisen schnitzen."

„Mit ein bisschen Draht werden das ganz hübsche Schlüsselanhänger", fährt Jonathan fort.

„Wir fragen Peter, ob wir etwas vom Holz nehmen dürfen, was vor der Scheune liegt", ergänzt Nils.

„Und die wollt ihr dann beim Hoffest verkaufen? Tolle Idee!", sagt Hannah begeistert und Emmas Augen beginnen vor Vorfreude zu leuchten. „Ich will auf jeden Fall so ein Minihufeisen."

„Ich auch!", ruft Cara und auch Lena und Hannah nicken eifrig.

„Vier Schlüsselanhänger für die Mädchen vom Kastanienhof – ist notiert", sagt Paul lachend und wendet sich dann an die Jungs. „Wenn ihr wollt, helfe ich euch. Ich schnitze auch voll gerne."

„Klar! Wir können jede Hilfe gebrauchen. So, wie es aussieht, sind die Dinger schon verkauft, bevor sie fertig sind", meint Nils schmunzelnd.

„Gut! Dann gehen die Mädchen eben alleine auf den Markt", erklärt Lena gespielt beleidigt.

Paul verdreht die Augen.

„War nur Spaß", beruhigt Lena ihn schnell.

In diesem Augenblick kommen Herr Dahlmann und Peter in die Küche, um sich einen Kaffee zu holen.

„Ihr wollt auf den Markt?", fragt Peter in die Runde. „Dann könntet ihr mir vielleicht etwas mitbringen."

„Oder du kommst mit und hilfst uns beim Verteilen", meint Emma grinsend und hält dem Stallburschen und Herrn Dahlmann einen Handzettel hin.

„Wow, die sind aber toll! Ein richtiges Kunstwerk", lobt Herr Dahlmann. Pauls Augen beginnen zu strahlen. „Danke!", murmelt er etwas verlegen.

Da fällt Lena etwas ein. „Dürfen wir vielleicht Krümel mitnehmen? Er ist doch die allerbeste Werbung für unser Hoffest."

Herr Dahlmann reibt sich über das Kinn und überlegt einen Moment. „Na, von mir aus. Aber nur, wenn Peter euch begleitet."

„Mach ich gern", erklärt Peter bereitwillig. „Immerhin geht es um eine gute Sache!"

„Juhu!"

Die Mädchen jubeln los.

„Und ich schaue mal, was ich zum Hoffest beisteuern kann", sagt Herr Dahlmann und lächelt geheimnisvoll. „Also, bis später", verabschiedet er sich.

„Alles klar", antwortet Peter und nimmt sich eine Banane. „Ich muss eben noch mal in den Stall." Er wirft einen Blick auf die Uhr. „Treffen wir uns in 20 Minuten auf dem Hof?"

„Geht klar!"

Lena schnappt sich die Handzettel und läuft los. Hannah, Emma und Cara folgen ihr. Sie holen Krümel aus seiner Box, putzen ihn, bis sein karamellfarbenes Fell in der Sonne glänzt, und flechten Mähne und Schweif ein.

„Du siehst so schön aus!", stellt Emma am Ende zufrieden fest und drückt ihm einen zärtlichen Kuss ins Fell.

Lena steckt noch ein paar Möhren in die Tasche und die vier machen sich zusammen mit dem Isländer und Peter auf den Weg zum Wochenmarkt.

Dort herrscht bereits geschäftiges Treiben. Besucher gehen von Stand zu Stand und begutachten die Auslagen. Verkäufer preisen lautstark ihre Waren an und versuchen sich gegenseitig zu übertrumpfen. Vorsichtig

führt Lena Krümel durch die schmalen Gassen. Dabei muss sie tierisch aufpassen, dass Krümel nicht aus Versehen jemandem mit seinen Hufen auf die Füße tritt. Zu allem Überfluss versucht das Pony auch noch hier und da etwas zu essen zu stibitzen.

„Mensch, Krümel, lass das!", beschwert sich Lena und fasst den Führstrick noch kürzer. „Sonst bekommen wir noch Ärger und dürfen mit dir nicht auf dem Markt bleiben. Wir wollen die Leute doch zum Hoffest einladen."

„Nachher gibt es eine ganze Handvoll Möhren", flüstert Emma dem Pony zärtlich ins Ohr und streichelt ihm über den Hals. „Aber zuerst musst du uns helfen. Immerhin geht es um deine Pferdekumpel vom Reitverein."

Krümel nickt, als hätte er jedes Wort verstanden.

Da entdeckt Peter eine Lücke zwischen einem Fischverkäufer und einer Würstchenbude.

„Die ist wie für uns gemacht!", erklärt er begeistert. „Der Platz ist groß genug für uns alle und Fisch und Würstchen interessieren Krümel nicht die Bohne. So kommt der kleine Vielfraß erst gar nicht auf dumme Gedanken."

Lena führt Krümel zwischen die beiden Stände. „Hier ist es wirklich prima!", stellt sie zufrieden fest. Sie stehen keinem im Weg und eine Menge Leute müssen an ihnen vorbei.

Peter nickt. „Ich kaufe mir nur schnell ein paar Gläser Erdbeermarmelade", meint er dann. „Frau Klockers macht die beste auf der ganzen Welt. Ihr Stand ist gleich da hinten. Ihr kommt doch die paar Minuten alleine zurecht?", fragt er.

Noch bevor Lena, Hannah, Emma oder Cara antworten können, ist er bereits losgelaufen.

„Ich bin gleich wieder da", ruft er noch über die Schulter, dann ist er auch schon in der Menge verschwunden.

Die vier Mädchen zucken mit den Achseln und beginnen dann damit, die Zettel zu verteilen.

Plötzlich steht vor ihnen eine Frau in Uniform.

„Nanu, wo ist denn Frau Bergmann mit ihren Socken und Mützen aus Schafswolle?", fragt sie verwundert.

„Das wissen wir nicht", antwortet Lena wahrheitsgemäß. „Der Platz hier war frei."

„Da habt ihr aber Glück gehabt! Normalerweise stehen die Stände hier dicht an dicht", erzählt die Frau in Uniform nun lächelnd. „Ich bin übrigens Frau Gründel vom Ordnungsamt."

„Ordnungsamt?", fragt Emma nach.

Frau Gründel nickt. „Jeder, der auf dem Markt etwas verkaufen will, braucht dafür eine Genehmigung und muss sich an bestimmte Regeln halten", erklärt sie bereitwillig. „Und ich überprüfe dann, ob diese auch eingehalten werden."

„Aber wir verkaufen gar nichts", sagt Emma schnell und reicht Frau Gründel einen Zettel. „Hier, eine Einladung zu unserem Hoffest."

Frau Gründel liest. „Tolle Idee!", stellt sie begeistert fest. „Da wünsche ich euch ganz viel Erfolg!"

„Vielen Dank!"

„Vielleicht komme ich Ostermontag auf einen Kaffee vorbei", verabschiedet sich Frau Gründel.

„Das wäre super", meint Emma noch und winkt ihr hinterher.

In diesem Moment kommt Peter mit drei Gläsern Marmelade zurück.

„War das eben Frau Gründel?", fragt er in die Runde. „Sie wohnt im selben Haus wie mein Bruder Matthias."

Die vier Mädchen nicken.

„Sie arbeitet beim Ordnungsamt und ist sehr nett", berichtet Emma fröhlich.

Peter stutzt und kratzt sich nachdenklich am Hinterkopf. „Oh je, wir hätten wahrscheinlich eine Genehmigung gebraucht, wenn wir hier stehen wollen", überlegt er.

Doch Emma winkt ab. „Nee, die braucht man nur, wenn man etwas verkauft", erklärt sie.

„Sicher?" Peter zieht zweifelnd eine Augenbraue hoch.

Emma nickt. „Hat Frau Gründel gesagt."

„Na dann! Ich habe übrigens eine tolle Neuigkeit für euch." Peter macht eine kurze Pause und schaut erwartungsvoll in die Runde. Gespannt blicken die Mädchen zu ihm auf.

„Jetzt rede schon!", beschwert sich Hannah.

Peter grinst. „Frau Klockers stiftet fünfzig Gläser ihrer Marmelade für unser Hoffest", berichtet er dann. „Die verkaufen wir und das Geld ist ..."
„Für den Reitverein!"
Die vier Mädchen freuen sich riesig.

In weniger als zwei Stunden haben sie alle Handzettel verteilt.
„Das hat super geklappt", freut sich Emma und krault Krümel die Stirn. „Du hast dir deine Belohnung echt verdient."
Lena holt die Möhren aus ihrer Tasche und hält sie Krümel hin. Sofort beginnt das Pony genüsslich zu kauen.
Als Krümel fertig ist, machen sie sich alle zusammen auf den Weg zurück zum Kastanienhof. Vor dem Ponystall treffen sie auf Rebecca.
„Hey, da seid ihr ja. Hat alles geklappt?"
„Ja, super! Mit Krümel als Helfer waren die Zettel im Nu verteilt", berichtet Hannah.
„Da hat er sich aber eine Belohnung verdient", meint Rebecca schmunzelnd.
„Die hat er schon bekommen", sagt Lena und tätschelt dem Pony den Bauch. „Eine ganze Handvoll seiner heiß geliebten Möhren."
Rebecca grinst. „Die haben ihm sicher geschmeckt. Und wie sieht es mit euch und den Jungs aus? Wollt ihr für eure fleißige Arbeit vielleicht eine Reitstunde?"
Die Mädchen nicken begeistert. „Au ja!"
„Gut, dann treffen wir uns in einer Stunde in der Halle", sagt Rebecca.
„Wir sagen den Jungs Bescheid", verspricht Lena.
„Okay, dann bis gleich", sagt Rebecca und läuft rüber zur Halle.

Mal gemütlich, mal wild

Gemeinsam mit Jonathan, Nils, Lukas und Cara reitet die Ponybande etwas später eine Bahn nach der nächsten durch die Halle. Lena führt die Abteilung an. Dabei sitzt sie im Sattel der wunderschönen Westfalenstute Pearl. Die beiden sind mittlerweile ein Superteam und haben schon eine große Reitprüfung mit Dressuraufgaben und kleinen Sprüngen zusammen gemeistert. Trotzdem ist und bleibt Krümel ihr absoluter Liebling. Auf dem reitet nun Emma direkt hinter ihr.

„Ganze Abteilung angaloppieren", ertönt Rebeccas Stimme aus der Bahnmitte.

Sofort entsteht eine Lücke zwischen Emma und Hannah, die auf Monty an dritter Stelle folgt. Da Blümchen bald Mama wird, trainiert sie im Augenblick mit dem Knabstrupper. Sie hat immer noch ihre liebe Not damit, den schwerfälligen Riesen auf Touren zu bringen. Das Pferd, das genauso aussieht wie das von Pippi Langstrumpf, mag es eher gemütlich. Schritt und Trab findet Monty als Gangarten völlig ausreichend und galoppieren durch die Bahn viel zu anstrengend. Ansonsten ist er aber ein lieber Kerl und Hannah mag ihn echt gern.

„Mensch, Monty, jetzt leg mal einen Zahn zu", beschwert sich Paul direkt hinter den beiden. Er muss Amarok mächtig bremsen, damit der Pinto nicht aufreitet.

„Na los, mein Süßer", redet Hannah Monty gut zu und erhöht leicht den Schenkeldruck. Nichts passiert! Der Knabstrupper trottet weiter im Trab an der Bande entlang.

„Er will nicht", stöhnt Hannah und schaut hilfesuchend zu Rebecca.

„Warte, das haben wir gleich." Rebecca reicht Hannah eine Gerte. „Damit tippst du ihn leicht hinten an. Ja, genau so!"

Endlich reagiert Monty und galoppiert los. Hannah atmet auf. Hinter Paul kommen Cara, Jonathan und Nils auf Moritz, Carlos und Mimi. Den Schluss bildet Lukas auf Rambo, einem Schimmel, der seinem Namen alle Ehre macht. Immer wieder versucht er Mimi zu überholen. Weil Lukas ihn aber daran hindert, will Rambo der Friesenstute zumindest in den Po zwicken. Aber Lukas ist ein sehr guter Reiter und hat den Draufgänger schnell wieder im Griff.

„Super, Lukas! Du machst das großartig", lobt Rebecca ihn deshalb. „Lässt dich von unserem kleinen Racker nicht unterkriegen."

„Ich mag wilde Ponys", sagt Lukas lachend. „Mit denen kann man immer etwas erleben."

Wie aufs Stichwort legt Rambo nach. Dieses Mal buckelt er vor Übermut, doch Lukas sitzt fest im Sattel. „Nee, Kumpel, mit mir nicht. Da musst du dir schon was Besseres einfallen lassen."

Am Ende der Stunde baut Rebecca noch ein paar Sprünge auf, darunter eine zweifache Kombination, die nicht ganz einfach zu reiten ist.

„Ihr müsst euch gut konzentrieren. Springt rechtzeitig vor dem ersten Hindernis ab, dann folgen vier Galoppsprünge bis zur nächsten Hürde", erklärt Rebecca, was zu tun ist.

Emma und Cara stellen sich mit Krümel und Moritz in die Mitte der Bahn zu Rebecca. Obwohl Emma mittlerweile eine gute Reiterin ist, kann sie es sich einfach noch nicht vorstellen, mit Krümel über die Hürden zu fliegen, und Moritz springt nicht. Er bleibt mit seinen Hufen lieber auf dem Boden und läuft einfach um jede Hürde herum, die sich ihm in den Weg stellt.

Die beiden schauen zu, wie Lena auf Pearl jetzt einen fehlerfreien Durchgang hinlegt. Außer ihnen schafft das keiner! Allerdings fällt bei Lukas mit Rambo auch nur eine einzige Stange. Rambo berührt sie ganz leicht mit dem linken Hinterhuf. Sie wackelt, scheint erst liegen zu bleiben, rutscht schließlich aber doch aus ihrer Halterung.

„Das war echt Pech!", meint Lena mitfühlend.

Doch Lukas schüttelt den Kopf. „Ich bin ein bisschen zu spät wegge-kommen", gibt er ehrlich zu. „Du bist eine tolle Reiterin! In welchem Tempo du die Zweifache genommen hast, alle Achtung." Er nickt Lena anerkennend zu.

Lena strahlt. „Danke!" Sie ist mächtig stolz auf das Lob.

Da kommt Herr Dahlmann in die Halle.

„Hallo zusammen", grüßt er fröhlich in die Runde. „Ich habe gerade mit Herrn Neiser von der Concordia telefoniert und ihn für Ostermontag eingeladen. Davon, dass wir das Hoffest für ihn und seinen Verein ver-anstalten, habe ich ihm allerdings noch nichts erzählt", verrät er dann schmunzelnd. „Das wird eine Riesenüberraschung. Außerdem habe

ich mir überlegt, dass wir Lose verkaufen sollten. Zu gewinnen gibt es eine Woche Sommerferien auf dem Kastanienhof für die ganze Familie", schlägt er am Ende vor.

„Cool!"

„Krass!"

„Klasse Preis!"

Die Kinder jubeln.

„Außerdem könnt ihr auch gerne die Küche vom Gutshaus nutzen, um eure Muffins und Blechkuchen zu backen", fährt Herr Dahlmann schließlich fort.

„Und wie wäre es mit Osterlämmern?", fragt Rebecca in die Runde. „Ich helfe euch dabei. Wir können auch kleine Rüblikuchen aus Möhren backen. Die passen so herrlich zu Ostern."

„Klingt super!", freut sich Hannah.

„Meine Mutter und ich beginnen heute Abend damit, die Schleifchen zu nähen", erzählt Lena. „Die Stoffe haben wir schon ausgesucht und zugeschnitten. Es gibt weiß, gelb, rot, grün – und alle glänzen so schön."

„Zehn Hufeisen sind auch schon fertig", berichtet Paul stolz. „Ist eine Menge Arbeit, doch dafür sehen sie echt spitze aus."

„Eins davon bekommt Frau Klockers. Schließlich stiftet sie ganz viele Gläser ihrer Marmelade", schlägt Emma vor.

„Bereits notiert", sagt Lukas augenzwinkernd.

„He, wenn ihr alle verschenkt, haben wir keine mehr zum Verkaufen", beschwert sich Nils scherzhaft.

„Nur das eine, Ehrenwort!", lacht Emma.

„Peter unterstützt euch bestimmt gerne beim Schnitzen, wenn er ein bisschen Zeit hat. Ich frage ihn gleich mal", sagt Herr Dahlmann.

„Super! Zwei weitere helfende Hände!", freuen sich die Jungs.

Letzte Vorbereitungen

In den nächsten Tagen haben die Ponybande, Cara, Nils, Jonathan und Lukas alle Hände voll zu tun. Rebecca, Hannah und Emma backen wie die Weltmeister, während Cara Lena und ihre Mutter beim Nähen der Schleifen unterstützt. Die vier Jungen schnitzen mit Peters Hilfe über Hundert kleine Hufeisen, was allerdings nicht ohne Folgen für die Finger bleibt. Am Ende tragen nun alle vier mindestens ein, Nils sogar zwei Pflaster.

„Ich bin saublöd abgerutscht", erzählt er und zeigt den Mädchen seinen Daumen. Sie sitzen alle zusammen am großen Tisch in der Küche vom Kastanienhof und basteln Stockpferdchen.

Dabei haben Lena, Hannah, Emma und Cara irgendwie das Gefühl, dass die Jungen mächtig stolz auf ihre kleinen Verletzungen sind.

„Ist wohl so ein Jungending", flüstert Lena Emma ins Ohr.

Emma nickt schmunzelnd. „Scheint so."

Die beiden füllen gerade jeder eine Socke mit Watte.

„Das wird der Kopf", erklärt Hannah Cara. „Für Ohren und Nüstern nehmen wir Filz und die Augen sind zwei Knöpfe. Die Wolle ist für die Mähne."

„Sieht bestimmt lustig aus", sagt Cara und schnappt sich ebenfalls einen Strumpf.

In diesem Augenblick kommt Herr Dahlmann in die Küche. „Na, hier wird ja schon wieder fleißig gewerkelt, und das am Ostersonntag", lobt er fröhlich.

„Bis morgen früh ist alles fertig", erklärt Lena und pustet sich eine Haarsträhne aus dem Gesicht. „Dann müssen wir noch die Tische aufbauen, den Hof und die Ponys schmücken …"

„Jetzt müsst ihr erst mal mit mir auf die Wiese kommen", unterbricht sie Herr Dahlmann lachend. „Ich bin mir sicher, dass der Osterhase dort etwas für euch versteckt hat."

Die Ponybande, Cara, Nils, Jonathan und Lukas machen große Augen.

„Für uns?", fragt Lukas überrascht.

„Natürlich für euch!", bestätigt Herr Dahlmann lachend.

Die Kinder jubeln und stürmen los.

Auf der Weide hinter dem Reitplatz finden sie nach und nach acht Nester, jedes gefüllt mit Schoko-Osterhasen, bunten Eiern und einem viereckigen Päckchen. Nils reist das Papier als Erster auf.

„Berühmte Pferde dieser Welt", liest er den Titel des Buches laut vor. „Cool, danke!"

„Da steht etwas über Halla drin", entdeckt Cara beim Durchblättern. „Das berühmte deutsche Springpferd hat seinen verletzten Reiter zum Olympiasieg getragen."

„Totilas wird auch beschrieben, das ist so ein wunderschönes schwarzes Dressurpferd", schwärmt Hannah. Wenn sie älter ist, will sie auch mit dem Dressurreiten anfangen. „Das sieht immer so elegant aus", denkt sie.

Lena streicht langsam die Seite glatt und liest sich das Kapitel über eines der größten Turniere weltweit in Aachen durch. Sie freut sich sehr über das Geschenk. Das Buch ist richtig interessant und die Schokolade ist natürlich auch toll. Es gibt sogar Nougateier. „Mmh, lecker", denkt Lena.

„Schön, dass euch das Buch gefällt", freut sich Herr Dahlmann.

Die Kinder nicken begeistert.

„Wirklich toll!", ruft Lukas, während er seine Marzipaneier gegen Jonathans Krokanteier tauscht.

„Wie kann man kein Marzipan mögen?", fragt Nils und steckt sich wie zum Beweis eines in den Mund.

Lukas verzieht das Gesicht. „Bäh!"

Nils zuckt die Achseln und folgt den anderen, die inzwischen wieder auf den Weg zum Gutshaus sind.

Schließlich machen sie sich gestärkt wieder an die Arbeit und am Ende sind auch die Steckenpferde für den Hindernislauf fertig.

„Die sind richtig toll geworden!", freut sich Emma. „Das braun-schwarz gefleckte ist am schönsten. Die lange schwarze Mähne erinnert mich fast an ein Wildpferd."

„Stimmt. Aber die anderen können sich auch sehen lassen", erwidert Paul. „Das Hoffest wird sicher super!"

Und dann ist es endlich so weit! Der Tag des Hoffestes ist gekommen. Schon früh am Morgen schleppen die Ponybande, Nils, Jonathan und Lukas Tische in den Hof und stellen Holzbänke auf. Danach kümmern sich Emma und Cara um den Verkaufsstand. Sie sortieren Reithosen, Ja-

cken und jede Menge Zubehör. Als Herr Schwaben, der Ladenbesitzer von „Alles rund ums Pferd" und ein guter Bekannter von Pauls Vater, vom Hoffest und der Spendenaktion gehört hat, hat er gleich eine ganze Kiste voll mit Striegeln, Kardätschen und Hufkratzern gestiftet.

„Das ist wirklich supernett von ihm!", findet Emma, während sie die Sachen sorgfältig auf dem Tisch auslegt.

„Stimmt! Ob wir ihm wohl auch ein Holzhufeisen als Dankeschön schenken dürfen?", überlegt Cara.

„Klar!", sagt Emma zuversichtlich. „Schließlich haben wir mittlerweile über Hundert Stück davon."

Peter und die vier Jungen haben die aus dünnen Astscheiben geschnitzten Hufeisen sogar noch mit winzigen Nägeln verziert, die nun herrlich in der Sonne glitzern. Eine kleine silberne Öse macht die Schlüsselanhänger perfekt.

„Die sind wirklich wunderschön geworden!", schwärmt Cara. „Meinst du, wir können zwei Euro pro Stück nehmen?"

„Bestimmt! Ist doch für einen guten Zweck", meint Emma.

Währenddessen stecken Paul, Nils, Lukas und Jonathan die Strecke für den Hindernislauf ab. Sie stellen niedrige Hürden auf, legen einen großen Reifen zum Drüberklettern hin und bauen schließlich aus einem Baumstamm und einem Brett noch eine Wippe. Dann legen sie Steckenpferde, Löffel und Kartoffeln bereit.

„Ist das nicht ein bisschen schwierig?", fragt Lena und schaut skeptisch. Sie und Hannah haben den Kuchenstand aufgebaut und sind gerade damit fertig geworden.

Paul zuckt mit den Schultern. „Findest du?"

„Ich kann es ja mal ausprobieren", schlägt Nils vor und schnappt sich mit der einen Hand ein Pferdchen. In die andere nimmt er einen Löffel und Lukas legt ihm eine Kartoffel darauf. Los geht es! Vorsichtig balanciert Nils die Knolle wie ein rohes Ei über die Hindernisse. Dabei muss

 74

er bei der Wippe ganz besonders aufpassen. Die Kartoffel wackelt und rollt schon ganz ordentlich auf dem Löffel hin und her, während Nils das Brett zunächst hinauf und dann auf der anderen Seite wieder hinunterläuft. Doch am Ende hat er es geschafft!

„Nicht ganz einfach, aber machbar", stellt Nils am Ende fest.

„Bei jüngeren Kindern können wir Löffel und Kartoffel auch weglassen", meint Lukas.

„Das klingt fair", sagt Hannah und auch Lena ist nun einverstanden.

„Dann schauen wir jetzt mal nach unseren beiden Shettys fürs Ponyreiten", erklärt sie. „Hannah und ich wollen Blacky und Bommel noch die Mähnen einflechten. Die beiden sollen ja hübsch aussehen."

„Also doch! Schönheitssalon für Pferde", neckt Lukas. „Wir haben noch einen Rest Fingerfarbe übrig, wenn ihr wollt."

Hannah verdreht die Augen. „Nee, lass mal!", antwortet sie lachend.

Da hören sie plötzlich Emma aufgeregt schimpfen.

„Krümel, nicht! Schäm dich!"

Hannah, Lena und die Jungen wirbeln herum.

Dort steht der Isländer doch tatsächlich am Kuchenstand und kaut genüsslich, während Emma verzweifelt versucht ihn wegzuscheuchen – ohne großen Erfolg. Hannah und Lena flitzen sofort hin.

„Oh nein! Unsere schönen Kuchen", jammert Lena und schaut traurig auf die Kuchenreste.

„Zwei Muffins und drei Rüblikuchen fehlen", erkennt Hannah auf den ersten Blick und schaut streng zu Krümel rüber. „Du alter Vielfraß!"

„Wie bist du denn aus deiner Box gekommen?", fragt Lena und bemüht sich zusammen mit Emma Krümel von den Kuchen wegzudrängen.

„Wartet, ich hole ein Halfter", ruft Paul und saust in den Ponystall.

„Ich glaube, daran bin ich schuld", antwortet Peter zerknirscht. Der Stallbursche ist gerade dabei, ein riesiges Plakat als Werbung für den Losverkauf an die Scheunentür zu hängen.

„Jedes Los 1 Euro, Hauptpreis eine Woche Sommerferien auf dem Kastanienhof", ist darauf zu lesen.

„Als ich vorhin die Leiter aus dem Ponystall geholt habe, bin ich aus Versehen gegen die Tür von Krümels Box gestoßen", erklärt er nun. „Dabei hat sich dann wohl der Sperrriegel gelöst, der kleine Racker konnte entwischen ..."

„Und ist schnurstracks zum Kuchen gelaufen", ergänzt Paul, der zurück ist und dem Pony das Halfter überstreift.

„So, mein Freund, genug gefuttert für heute. Sonst bekommst du Bauchweh."

Krümel schüttelt heftig den Kopf.

„Oh doch", sagt Lena lachend und nimmt Paul den Strick ab.

„Danke!"

„Keine Ursache", erklärt Paul grinsend.

„Tut mir echt leid, Mädels!", entschuldigt sich Peter noch einmal.

Doch Hannah winkt ab. „War doch nicht mit Absicht und die fünf Stücke können wir verschmerzen."

„Na, dann danke ich schön", meint Peter schmunzelnd. „Vor allem in Krümels Namen."

Krümel schnaubt, als wolle er sich auch bedanken, und trottet hinter Lena zurück in den Stall.

Das große Fest

Pünktlich um elf Uhr kommen die ersten Gäste. Es sind die Eltern von Lena, Hannah und Paul.

„Wow, dass sieht ja alles superlecker aus", staunt Hannahs Mutter beim Anblick der vielen verschiedenen Muffins und Kuchen, die Hannah, Emma und Rebecca in der Küche des Gutshofes gezaubert haben. „Da kann man sich ja gar nicht entscheiden, wo man zuerst reinbeißen soll."

„Ich kaufe eins von den niedlichen Osterlämmern", meint Pauls Mutter. „Die sind euch wirklich ganz wunderbar gelungen", lobt sie die fleißigen Bäckerinnen.

Emma und Hannah, die den Verkauf übernommen haben, tauschen ein breites Grinsen aus. Sie könnten platzen vor Stolz.

„Also, ich probiere auf jeden Fall vom Rüblikuchen", erklärt Lenas Vater lachend. „Gebäck aus Möhren habe ich noch nie gegessen. Ich bin echt gespannt, wie mir das schmeckt."

„Der ist superlecker", sagt Emma und reicht ihm ein Stück. Lenas Vater nimmt einen kleinen Bissen und macht dann große Augen.

„Mmmmhhhh, tatsächlich! Der ist richtig gut. Den kann man nur empfehlen", stellt er überrascht fest.

„Dann nehme ich auch ein Stück", sagt Pauls Vater und hält Hannah zwanzig Euro hin. „Für Kuchen und Osterlamm." Als Hannah ihm das Wechselgeld geben möchte, winkt er ab. „Das passt so."

Hannahs Augen leuchten vor Freude. „Vielen Dank!"

Da winkt Lena aufgeregt vom Tisch mit den Flohmarktsachen herüber.

„Mama, Papa, hierher. Ihr müsst euch die Reitjacken ansehen", ruft sie. „Die rote ist klasse und sie passt mir wie angegossen. Teuer ist sie auch nicht, nur dreißig Euro."

Lenas Eltern kommen sofort herüber und begutachten das gute Stück von allen Seiten.

„Die sieht ja fast aus wie neu …", wundert sich Lenas Mutter.

„Nur zweimal getragen", erzählt Rebecca da im Vorbeigehen. In der Hand hält sie einen Stoß Servietten für den Kuchenstand.

„Ich fand immer, dass mir schwarz besser steht", gibt sie lachend zu.

„Aber ich mag rot", versichert Lena schnell. „Biiiitte, darf ich sie haben." Sie macht ganz große Dackelaugen und schaut abwechselnd von ihrem Papa zu ihrer Mama.

Lenas Mutter muss lachen. „Natürlich, mein Schatz! Sie ist ja wie für dich gemacht und ich weiß, wie sehr du dir so ein Jackett wünschst."

„Juhu!"

Lena jubelt und gibt erst ihrer Mutter und dann ihrem Vater einen dicken Kuss auf die Wange.

„Jetzt brauche ich nur noch ein Turnier, zu dem ich sie anziehen kann", sagt sie strahlend.

„Sobald unser Hallendach und der Stall repariert sind, hast du die Gelegenheit."

Lena wirbelt herum. Hinter ihr steht ein älterer Herr in Reithosen und lächelt sie freundlich an.

„Mein Name ist Ulf Neifer", stellt er sich vor und hält Lena die Hand hin. „Mein Freund Jochen, also Herr Dahlmann, hat mir gerade erzählt, dass du und deine Freunde das alles hier auf die Beine gestellt habt, nur um meinen Reitverein zu retten." Er deutet auf die vielen Stände, an denen sich mittlerweile zahlreiche Besucher drängen.

Ganz Neustadt scheint heute bei strahlendem Sonnenschein auf dem Kastanienhof zu Gast zu sein.

Beim Ponyreiten hat sich schon eine lange Schlange gebildet. Paul und Cara, die Blacky und Bommel jeweils eine Runde um den Hof führen, kommen ganz schön ins Schwitzen. Auch beim Hindernislauf herrscht reger Andrang. Jonathan, Nils und Lukas haben alle Hände voll zu tun.

„Ich weiß gar nicht, was ich sagen soll", erklärt Herr Neifer sichtlich gerührt.

„Hoffentlich bekommen wir auch genug Geld zusammen", meint Lena.

„Ganz bestimmt! Ihr seid einfach großartig!", lobt Herr Neifer.

Lenas Augen beginnen vor Freude zu leuchten.

Da kommen auch die Eltern von Emma und Cara. Emma rennt sofort zu ihnen und schnappt sich den Arm ihrer Mutter.

„Mama, Papa, kommt schnell, ich muss euch unbedingt etwas zeigen."

Sie zieht ihre Mutter hinter sich her an den Verkaufsstand, ihr Vater folgt den beiden schmunzelnd.

„Schaut mal, sind die nicht wunderschön?" Emma zeigt auf die geschnitzten Holzhufeisen.

„Und sie verkaufen sich wie frische Brötchen an einem Sonntagmorgen", erklärt Peter, der gerade Rebecca abgelöst hat, damit sie sich etwas zu trinken holen kann. „Wir haben schon fast die Hälfte verkauft."

„Können wir auch welche nehmen?", fragt Emma ihre Eltern und klimpert mit den Augen. „Bitte! Acht Stück, ja?"

„So viele?", wundert sich ihr Vater.

Emma nickt. „Für die Ponybande, Cara, Nils, Jonathan und Lukas, als Andenken an unsere gemeinsamen Osterferien."

Ihr Vater zögert einen Augenblick. „Also gut, einverstanden. Ihr habt ja alle so toll mitgeholfen", sagt er schließlich.

„Papi, du bist der Beste", jubelt Emma und gibt ihrem Vater eine dicke Umarmung.

Bereits um vier Uhr nachmittags sind alle Kuchen und Lose verkauft, der Flohmarktstand ist restlos geplündert und alle Teilnehmer am Stockpferdeturnier zeigen stolz ihre gewonnenen Schleifen. Paul und Cara tun die Füße weh vom vielen Laufen und Blacky und Bommel freuen sich auf ihre Box und eine Riesenportion Möhren als Belohnung. Die haben sich die beiden auch redlich verdient.

„Am Ende eines gelungenen Festes bitte ich nun alle Anwesenden noch einmal um ihre Aufmerksamkeit", ruft Herr Dahlmann da feierlich. „Wir verlosen nun unseren Hauptpreis – eine Woche Sommerferien auf dem Kastanienhof."

Schlagartig herrscht gespannte Stille. Alle halten ihre Lose in den Händen und hier und da sieht man fest gedrückte Daumen. Rebecca spielt die Glücksfee und zieht. Ganz langsam öffnet sie den Zettel und lächelt in die Runde. Jetzt kann man das Brummen einer Biene hören, so leise ist es. Rebecca holt einmal tief Luft.

„Gewonnen hat die Nummer 287", verkündet sie dann.

„Ja!" – „Cool!"

Eine Familie mit zwei Mädchen jubelt und die beiden klatschen sich begeistert ab.

„Herzlichen Glückwunsch! Und nun habe ich noch eine Überraschung für meinen Freund, Herrn Neifer", fährt Herr Dahlmann fort und hält eine große Pappe hoch, die aussieht wie ein viel zu großer Scheck. Auf dem steht in großen Ziffern 10.000 Euro.

„Dieses Geld ist für die Reparatur deines Reitvereins, mein lieber Ulf", sagt Herr Dahlmann und übergibt den Scheck an einen völlig sprachlosen Herrn Neifer. „Einen Teil davon hat das Hoffest eingebracht, das Lena, Hannah, Paul und Emma zusammen mit Cara, Jonathan, Nils und Lukas so wunderbar organisiert haben." Er zeigt lächelnd auf die Kinder, die sich vorne versammelt haben, und nickt anerkennend.

Die Besucher applaudieren heftig, während die acht verlegen in die Runde schauen. Dabei glühen Nils und Emmas Wangen feuerrot, während Paul und Hannah nicht wissen, was sie mit ihren Händen anstellen sollen. So viel Aufmerksamkeit sind die Ponybande und ihre neuen Freunde einfach nicht gewohnt.

„Den Rest hat die örtliche Sparkasse dazugegeben", berichtet Rebecca weiter.

Erneut gibt es großen Beifall.

„Ich bin überwältigt von so viel Hilfsbereitschaft", erklärt Herr Neifer nun und seine Augen glänzen verdächtig. „Vielen Dank im Namen der Concordia." Dann wendet er sich direkt an die Ponybande, Cara, Jonathan, Nils und Lukas. „Ihr acht habt das hier erst möglich gemacht. Ich finde, das hat ein besonderes Dankeschön verdient. Deshalb ernenne ich euch zu Ehrenmitgliedern unseres Vereins. Ihr seid jederzeit bei uns willkommen und zu all unseren Veranstaltungen und Turnieren ganz herzlich eingeladen!"

„Krass!"

„Wie cool ist das denn!"

„Einfach klasse!"

Die Kinder sind total aus dem Häuschen. Als sie sich schließlich wieder ein wenig beruhigt haben, denken sie an die Hufeisen, die sie noch verschenken wollten. Feierlich überreichen sie Frau Klockers ein besonders schönes.

„Weil Sie uns Ihre leckere Marmelade gespendet haben", erklärt Lena.

„Das ist ja eine Überraschung", freut sich Frau Klockers sichtlich über die kleine Aufmerksamkeit und auch Herr Schwaben und Pauls Vater bekommen eines geschenkt.

„Vielen Dank!", sagt Pauls Papa und befestigt gleich seinen Haustürschlüssel an dem dafür vorgesehenen Drahtring. „Sieht super aus!"

Noch eine Überraschung zum Schluss

Nachdem sich die Besucher nach und nach verabschiedet haben, sitzen die Ponybande, Cara, Nils, Jonathan und Lukas mit ihren Eltern, Herrn Dahlmann, Peter und Rebecca noch gemütlich zusammen. Peter hat den Grill angefeuert und es gibt für alle Würstchen und selbst gemachte Salate. Lenas, Hannahs und Pauls Mama haben Kartoffelsalat, Nudelsalat und Gurkensalat von zu Hause mitgebracht.

„Wie schade, dass die Osterferien schon vorbei sind", meint Cara da und schaut etwas wehmütig. „Ich würde so gerne noch hierbleiben."

„Dann komm doch einfach im Sommer zusammen mit Emma wieder", meint Lena und nimmt sich etwas Ketchup.

„Geht das denn?", fragt Cara ungläubig in die Runde.

„Klar!", antwortet Lena lässig. „Du gehörst doch ab jetzt auch zur Ponybande, oder?" Sie schaut fragend zu Paul rüber, dann zu Hannah und schließlich zu Emma.

Alle drei nicken und Emma schenkt ihrer Schwester ein breites Lächeln.

„Also abgemacht, ab heute hat die Ponybande fünf Mitglieder!", verkündet Lena feierlich.

„Und auf dem Kastanienhof ist immer ein Zimmer für euch beide reserviert", verspricht Herr Dahlmann lachend.

„Super! Vielen Dank!" Cara und Emma strahlen vor Glück wie Honigkuchenpferde.

„Vielleicht kommt ihr ja auch noch mal", fragt Paul die drei Jungs. Nils, Jonathan und Lukas schauen fragend zu Herrn Dahlmann. „Geht das denn?"

„Klar. Das wird sich schon einrichten lassen. Platz genug haben wir ja", zwinkert Herr Dahlmann den Jungs zu.

„Cool!" – „Stark!"

„Cara und ich haben auch noch etwas für euch", erklärt Emma dann und holt die acht Hufeisen hervor. „Für jeden eins."

„Megacool! Danke", freut sich Jonathan. „Wir haben nämlich überhaupt nicht daran gedacht, eins für jeden von uns zu reservieren."

„Und als wir dann noch schnell welche kaufen wollten, waren bereits alle weg", ergänzt Lukas glücklich.

Nils nickt. „Super, vielen Dank!"

„Gern geschehen!", meint Emma und strahlt. „Das war ein toller Tag!"

Da hören sie ein aufgeregtes, lautes Wiehern aus dem Ponystall. Lena und Emma schrecken gleichzeitig hoch.

„Das war Krümel!", ruft Lena und die beiden flitzen sofort los. Die anderen folgen ihnen.

Krümel steht schnaubend in seiner Box und schaut besorgt zu Blümchen rüber. Die kleine Islandstute läuft unruhig hin und her und ihr Bauch wölbt und senkt sich in Wellenbewegungen.

„Das Fohlen kommt", erkennt Herr Dahlmann auf den ersten Blick und greift zum Handy. „Hallo, Manfred, es geht los", verständigt er den Tierarzt.

Hannah ist auf einmal ganz blass um die Nasenspitze. „Mein armer Liebling, hoffentlich geht alles gut", sagt sie mitfühlend und kaut aufgeregt auf ihrer Unterlippe. Ihre Hände sind ganz schwitzig und ihre Knie zittern. Lena legt beruhigend den Arm um die Schulter ihrer Freundin.

„Das wird schon", macht auch Paul Hannah Mut und Emma und Cara drücken ganz fest die Daumen.

Keine zehn Minuten später ist Dr. Heiken da. Er untersucht Blümchen gründlich und redet beruhigend auf die nervöse Stute ein.

„Alles gut! Das Fohlen liegt richtig", erklärt er am Ende.

„Das sollte eine ganz unkomplizierte Geburt werden", meint er zuversichtlich und streift sich die Arzthandschuhe von den Händen.

Hannah atmet einmal tief durch und wischt sich die Finger an ihrer
Hose ab.

Nun heißt es warten. Emma und Caras Eltern kommen in den Stall.
Eigentlich wollten sie heute Abend noch mit ihren beiden Töchtern wieder nach Hause aufbrechen. Doch sie erkennen schnell, dass die beiden
jetzt unter gar keinen Umständen gehen wollen.

„Können wir nicht noch bleiben?", bettelt Emma dann auch. „Wir müssen unbedingt Blümchens Fohlen sehen."

„Biittte! Nur noch einen Tag", unterstützt Cara sie und klimpert heftig
mit den Augen.

Ihr Vater seufzt und wendet sich an Herrn Dahlmann. „Kennen Sie ein
gutes Hotel in der Nähe?"

„Ach was, wir haben genug Platz. Sie können natürlich bei uns übernachten!", antwortet Herr Dahlmann.

Emma drückt Cara überglücklich die Hand.

„Danke", flüstert sie und die beiden Schwestern lächeln ihre Eltern überglücklich an.

Zu jubeln trauen sie sich nicht, denn bei einer Fohlengeburt muss alles
ruhig und leise sein. Immerhin darf Blümchen so wenig wie möglich
gestört werden.

Wieder zehn Minuten später plumpst schließlich ein feuchtes Bündel
ins Stroh.

„Es ist da", flüstert Hannah andächtig.

Sofort beginnt Blümchen ihr Kind abzulecken. Da reckt das Fohlen auch
schon seinen Kopf. Es ist karamellfarben und hat eine ausgeprägte weiße Blässe.

„Es sieht aus wie Krümel im Miniformat", staunt Lena nicht schlecht.

Wie zur Bestätigung wiehert das Islandpony aus der Nachbarbox.

„Es ist kerngesund", stellt Dr. Heiken zufrieden fest, nachdem das Kleine aufgestanden ist und zum ersten Mal bei seiner Mutter trinkt. „Herz-lichen Glückwunsch!"

Hannah kullern vor Freude und Erleichterung dicke Tränen über die Wangen und ein riesiger Stein fällt ihr vom Herzen. „Du hast es ge-schafft, meine Süße. Du bist ja so tapfer."

„Was ist es denn?", will Lukas nun wissen.

„Es ist ein Junge", sagt Herr Dahlmann nach prüfendem Blick. „Und, hast du denn schon einen Namen?", fragt er Hannah dann.

Hannah blickt überrascht auf. „Ich darf ihm einen Namen geben?"

„Wer denn sonst?", fragt Herr Dahlmann und nickt Hannah zu. „Wie wäre es mit Keks?", schlägt sie nach kurzem Überlegen vor.

„Krümel und Keks, das klingt spitze", stellt Lena begeistert fest. Das finden auch die anderen Ponybandenmitglieder.

„Einverstanden!", sagt Herr Dahlmann schmunzelnd und schaut zu dem nun trinkenden Fohlen hinüber. „Der Kleine kommt ja auch ganz nach seinem Papa. Er hat einen guten Appetit."

„Allerdings!", lacht Lena und die anderen stimmen mit ein.